# 50 DINGE, DIE EIN KÄRNTNER GETAN HABEN MUSS

SALZBURG
STEIERMARK
TIROL
ITALIEN
SLOWENIEN
Hohe Tauern
Niedere Tauern
Gurktaler Alpen
Gailtaler Alpen
Karnische Alpen
Karawanken
Saualpe
Koralpe
Heiligenblut
Winklern
Lienz
Obervellach
Möll
Gmünd
A11
Spittal a.d. Drau
Radenthein
Greifenburg
Kötschach-Mauthen
Gail
Hermagor
Drau
Villach
Velden
E66
KLAGENFURT
Feldkirchen
Sankt Veit
Straßburg
Friesach
Althofen
Bad St. Leonhard
Wolfsberg
A2
Lavant
St. Andrä
Völkermarkt
Lavamünd
Bleiburg
Ferlach
Bad Eisenkappel
KLAGENFURT
Neuer Platz
0 10 20
Kilometer
N
1 Brotkultur, Lesachtal
2 Großglockner-Hochalpenstraße, Heiligenblut
3 Goldgräberdorf, Heiligenblut
4 Geopark Karnische Alpen, Plöckenpass
5 Lamatrekking, Dellach im Gailtal
6 Wulfenia, Nassfeld
7 Weißensee
8 Kölnbreinsperre, Maltatal
9 Schloss Porcia, Spittal/Drau
10 Gmünd
11 Kirchtag, Feistritz/Gail und Villach
12 Terra Mystica und Terra Montana, Bad Bleiberg
13 Schütt, Arnoldstein und Villach
14 Ein Kärntnerlied singen, überall
15 Bunkermuseum, Wurzenpass
16 Römerweg, Villach-Warmbad
17 Bierbrauen, Villach-Oberwollanig
18 Der Mittelpunkt Kärntens, Arriach
19 Zirbenschnuppern, Turracher Höhe
20 Gerlitzen, Treffen
21 Klettergarten Kanzianiberg, Finkenstein
22 Schilfkanal, Faak am See
23 Die Kärntner Nudel
24 Schluchtweg, Ossiach
25 Tiebelquellen, Himmelberg
26 Velden (und anderswo) am Wörthersee
27 Pyramidenkogel, Keutschach
28 Meerauge, Bodental
29 Tscheppaschlucht, Ferlach
30 Der Reinling
31 Dom zu Gurk
32 Der Kärntner Wein
33 Benediktinermarkt, Klagenfurt
34 Apokalypsekapelle/Stadtpfarrkirche St. Egid, Klagenfurt
35 Altstadtzauber, Klagenfurt
36 Kärntner Eishockey-Derby, Klagenfurt und Villach
37 Robert-Musil-Literaturmuseum, Klagenfurt
38 Wiesenmarkt, St. Veit/Glan und Bleiburg
39 Burgbau, Friesach
40 Archäologischer Park, Magdalensberg
41 Vierbergelauf, Zollfeld–Glantal
42 Burg Hochosterwitz, Launsdorf
43 Schaubergwerk und Heinrich-Harrer-Museum, Hüttenberg
44 Obir-Tropfsteinhöhlen, Bad Eisenkappel
45 Kirchleintragen, Bad Eisenkappel
46 Hemmaberg, Globasnitz
47 Tropfsteinhöhle und Schlossberg, Griffen
48 Hängebrücke St. Lucia, Aich
49 Bäuerliche Köstlichkeiten, Lavanttal
50 Museum Liaunig, Neuhaus

Claudia Lux · Nicole Richter

# 50 DINGE, DIE EIN KÄRNTNER GETAN HABEN MUSS

styria regional

# INHALT

## 50 Dinge, die ein Kärntner getan haben muss

# VORWORT

## Expeditionen für alle Sinne

Respekt! Sie haben sich ganz schön was vorgenommen. Unsere „50 Dinge, die ein Kärntner getan haben muss" lassen sich nicht innerhalb weniger Tage erleben und im Vorbeigehen schon gar nicht. Sie laden ein, sich mit Muße auf das Land und die Leute einzulassen, auf die Geschichte und Gegenwart, auf Köstliches und Kurioses, auf sportliche Abenteuer und entspannte Stunden.

Kärnten war immer ein geografischer Schnittpunkt und damit auch ein Schmelztiegel der Kulturen. Man sagt uns - wahrscheinlich nicht zu Unrecht - eine etwas größere Gelassenheit nach, als sie andere Österreicher ohnehin schon haben. Ist es sie, die uns alles ein wenig bewusster genießen lässt? Oder die manchmal schier unüberblickbare Vielfalt, die dieses Land zu bieten hat? Zwischen schroffen Felsen und sanften Seen, zwischen Hütten auf der Alm und Schlössern in der Stadt, bei Kirchtagssuppe, Pohača und einem Kärntnerlied?

Das Wörtchen „muss" im Titel des Buches kommt Ihnen vielleicht ein wenig fordernd vor. Was „muss" man schon getan haben?! Wenn Sie sich darauf einlassen, werden Sie aber rasch feststellen: Das „muss" steht für eine Art Suchtfaktor. Die Erlebnisreise durchs Kärntnerland macht immer wieder Lust auf Neues, enthüllt überraschende Zusammenhänge und deckt Genüsse auf, die man vorher nur vom Hörensagen kannte. Folgen Sie uns auf dieser Expedition für alle Sinne!

Ein Geheimnis sei noch verraten: Die „50 Dinge" stehen nicht allein, sondern sind durch weiterführende Tipps aller Art ergänzt. Aus einer Entdeckungsreise können so unendlich viele werden. Wir wünschen Ihnen ebenso schöne wie spannende Stunden und Tage auf unseren Spuren!

Die Autorinnen



PS: Selbstverständlich, was sich schon aus der Autorenschaft erschließt, erzählt das Buch auch von dem, was Kärntnerinnen getan haben müssen. Weil der Titel aber kurz und prägnant sein soll, wird nur das Maskulinum verwendet.

# 01

# BROTBACKEN STATT YOGA

## Brotkultur, Lesachtal

Die Lebensbedingungen im Lesachtal sind kein Honiglecken – aber die Traditionen sind lebendig und stellen sich der Zukunft.

Bei der Ankunft im Lesachtal am südwestlichen Kärntner „Ende", gleich hinter Kötschach-Mauthen, werden die Uhren umgestellt. Das heißt, eigentlich kann man sie ablegen, als Besucher braucht man hier keine – das Lesachtal ist ein Mikrokosmos abseits von Immer-irgendwas-tun-Müssen. Die Animation findet beim Wandern statt, der Sound kommt aus Kuh- und Hühnerstall und das Buffet besteht unter anderem aus hofeigener Butter, frischem Topfen und selbst gebackenem „gsunden Broat" …

In dem 20 Kilometer langen „Tal der hundert Mühlen" von St. Jakob bis Maria Luggau (das dann im Osttiroler Teil bis nach Kartitsch reicht) stehen noch einige der hölzernen Exemplare an den rauschenden Bächlein, und sie tragen entscheidend zum Image der sommers in sattem Grün gehaltenen Landschaft bei, die von der imposanten Bergwelt der Karnischen Alpen sowie der Gailtaler Alpen bzw. Lienzer Dolomiten umrahmt wird.

Die Tradition des Mahlens ist trotz Mäc-Food und Mailflut nicht verloren gegangen, im Gegenteil. Entgegen dem unappetitlichen Trend zur Industrienahrung setzt man in dem parallel zur italienischen Grenze verlaufenden West-Ost-Tal wieder verstärkt auf ein Lebensmittel, das im Alpenraum seit 2000 bis 3000 Jahren Kulturgut ist: Brot. Auch im Lesachtal war das hausgemachte Brot einst logisches Produkt des durchaus häufigen Getreideanbaus – bis die erste Welle der Industrialisierung kam und damit eine frühe Form der „Globalisierung". Zwar war die Welt Anfang des vergangenen Jahrhunderts noch wesentlich kleiner und reichte vielleicht bis zur nächsten Gemeinde- oder Bezirksgrenze, aber der Ackerbau wurde weniger, das Mehl der „Genossenschaft" besser, weil weißer, die Mühlen starben nach und nach …

Doch Ende der 1970er-Jahre passierte eine kleine Sensation. Eine japanische Ethnologin namens Eiko Funada begann sich für die Brotkultur des circa 1500 Einwohner zählenden Lesachtals zu interessieren – und forschte daraufhin jahrzehntelang auch vor Ort zu dem Thema. Sie kam wiederholt zu Besuch, befragte die Bevölkerung, brachte Gäste aus Japan mit. Ihre Begeisterung für die alten Brottraditionen gipfelte darin, dass seit 2008 in

Hofnachfolgerin Sophie Madeleine

Brotbackhaus

Elfriede Stabentheiner

Hl. Dreifaltigkeit/Oberfrohn

01

einem Vorort von Tokio der Nachbau eines originalen Lesachtaler Brotbackhauses steht, wo auch tatsächlich Brot gebacken wird.
Das Vorbild dafür befindet sich als einziges und letztes Exemplar seiner Art - frei stehend neben dem Bauernhaus - am Stabentheiner-Hof in Stabenthein, gleich in der Nähe des Lesachtaler Hauptortes Liesing (1043 m Seehöhe). Weil es nicht mehr funktionstüchtig war, wurde es 2014 abgetragen - wobei man alle Steine und Hölzer in mühevoller Kleinarbeit durchnummerierte - und vom Ofenbauer kunstfertig neu aufgebaut.
Die Bäuerin Elfriede Stabentheiner ist eine der Vorreiterinnen bei der Wiederbelebung der Lesachtaler Brotkultur. Jeden Freitag entstehen in ihrem Brotbackhaus vierzig Laibe und Wecken mit je einem Kilo und werden dann ab Hof verkauft. Für sie ist das Brot so etwas wie Zukunft, denn die teils gemeinsam mit dem Arzt Georg Lexer jahrelang entwickelten Rezepte ihrer drei Sorten hat sie schon an die jüngste der fünf Töchter, die Hofnachfolgerin, weitergegeben. „Ich bin stolz darauf, dass die Tradition weiterleben wird. Bei uns wurde ohne Unterbrechung immer Brot gebacken, schon meine Mama und meine Oma haben das immer gemacht."
Besonderes Augenmerk liegt auf der Verwendung ausschließlich natürlicher Zutaten, erzählt sie weiter, und so verwendet Elfriede Biomehle etwa aus Waldstaude, Dinkel und Roggen, die in der eigenen Mühle gemahlen werden. Hinzu kommen Joghurt, allerlei Samen und Kerne und außerdem ein kleines ernährungsphysiologisches „Wunder": Mehl von der Erdmandel. Diese Knolle gilt als Energiespender, Nervennahrung und Verdauungsoptimierer. Die Pflanze wird in unseren Breiten zum Beispiel in Niederösterreich oder im Burgenland angebaut, das Lesachtaler Klima ist für die ursprünglich aus dem Mittelmeerraum stammende Cyperus esculentus zu rau.
Brotbacken ist für Elfriede Stabentheiner eine etwas „andere" Arbeit als jene, die sie sonst auf ihrem gemeinsam mit Ehemann Johann bewirtschafteten Hof (aus 1716!) reichlich hat. Balkone und Grünflächen rund ums Haus quellen über vor üppig leuchtenden Blumen, Gästezimmer, Garten, Milchvieh und Feld fordern viel an Einsatz. Einen ganzen Vormittag lang widmet sie allerdings ihrer Lieblingstätigkeit, Woche für Woche. „Das Brotbacken is zum Obakumman. Es braucht nämlich Zeit! Da is nix mit Husch-Pfusch, egal ob man guat drauf is oder net." Will heißen: Das Arbeiten mit dem Teig, also das Mischen der Zutaten - deren Anteile nie gleich sind, weil sie grundsätzlich nichts abwiegt, sondern nur mit „Gefühl" arbeitet -, das händische Kneten und Formen bringen Ordnung in die Gedanken, lösen Anspannungen. Summa summarum eine reservierte Zeit der Muße, ja, der Meditation! Und Yoga braucht es dann keines mehr ...

Bei der Steineckenalm

Im Jahr 2010 wurde die Lesachtaler Brotherstellung von der UNESCO ins „Verzeichnis des Immateriellen Kulturerbes in Österreich" aufgenommen. Der nächste richtungsweisende Schritt ist von den hiesigen Brotkulturbewahrerinnen ebenfalls schon geplant: Das „Lesachtaler Brot" soll als Marke eingetragen und seine ursprungsbezogene Echtheit damit in Zukunft gesichert werden.

Aber wie es sich gehört, wird im Tal nicht nur hart gearbeitet, sondern auch ordentlich gefeiert, zum Beispiel rund um das Brot im Rahmen des „Lesachtaler Dorf- und Brotfestes" Anfang September – mit echter Volksmusik, Schaubrotbacken und Handwerksstraße. Und selbst die Feierlichkeiten haben hier wenig mit Wirbel und schon gar nichts mit peinlichem Sternspritzerdinner zu tun, aufgespielt wird „unplugged" und leuchten tun hier noch die Sterne.

**Info**

Alles rund ums Lesachtaler Brot, seine Geschichte und aktuelle Aktivitäten dazu: *www.dorfundbrotfest.at*

02

# AUF DES KAISERS SPUREN

## Großglockner-Hochalpenstraße, Heiligenblut

Die Großglockner-Hochalpenstraße gilt als schönste Strecke Europas. Majestätisch ist nicht nur der Ausblick auf den Großglockner, sondern auch die Geschichte rund um die Entstehung der Kaiser-Franz-Josefs-Höhe.

Schon in der Antike herrschte im Mölltal reger Reiseverkehr. Kelten und Römer kamen durch, wenn sie, um Handel zu treiben, über die Alpen nach Norden wollten. Heute kennt man diese Route nach Salzburg als Großglockner-Hochalpenstraße. Das Monument österreichischer Ingenieurskunst schlängelt sich über 36 Kehren bis zum Scheitelpunkt, dem Hochtor in 2506 Meter Seehöhe, das die Grenze zwischen Kärnten und Salzburg bildet. In vorchristlicher Zeit befand sich hier ein sogenanntes Passheiligtum. Davon zeugen bei Ausgrabungen entdeckte keltische und römische Münzen, die an der Stelle wohl aus Dankbarkeit über den bewältigten Anstieg geopfert wurden.

Sie sind mit weiteren Funden Teil einer sehenswerten Ausstellung auf der Kärntner Hochtor-Seite. Dazu gehört der Mölltaler Ötzi. Der „Star" der Schau ist zwar um einiges jünger als der in der späten Jungsteinzeit verstorbene legendäre Mann aus dem Eis, sieht aber nicht viel besser aus. Es handelt sich um die Überreste eines Goldgräbers, der um 1793 im Bereich des Altecks ums Leben gekommen ist. Er verunglückte beim Überqueren eines Gletschers. Erhalten geblieben sind neben seinen Gebeinen unter anderem die genagelten Lederschuhe. An ihnen waren Harscheisen zum Auf- und Absteigen über Schneefelder befestigt. Außerdem hatte der Mann einen Rückentragekorb - wohl zum Befördern von Erz oder Werkzeugen - und einen Ledersack bei sich.

Der bekannteste Aussichtspunkt entlang der Großglockner-Hochalpenstraße ist auf Kärntner Seite die Kaiser-Franz-Josefs-Höhe in 2369 Meter Seehöhe, deren Name auf einen Besuch des Monarchen anno 1856 zurückgeht. Mit Kaiserin Elisabeth, liebevoll Sisi genannt, urlaubte er damals in Heiligenblut und wünschte, die Pasterze zu sehen. Franz Joseph zu Fuß, Sisi erst noch hoch zu Ross, so machte man sich mit einem Gefolge von 118 Mann auf den Weg. Weiter oben musste dann auch Kaiserin Elisabeth

Großglockner-Hochalpenstraße, dahinter der Namensgeber

02

Kaiser-Franz-Josefs-Höhe

Heiligenblut

wandern. Aber nur auf den leichteren Stücken, über die anspruchsvolle „böse Platte" wurde sie in einer Sesselsänfte getragen.

Dabei kam es zu einem höchst peinlichen Missverständnis. Die Kaiserin wurde im Sitz wohl durchgeschüttelt und rief den Trägern daraufhin „Sachte! Sachte!" zu, damit diese etwas langsamer gehen. Mit dem Wort „sachte" konnten die Mölltaler aber nichts anfangen. Wohl aber gibt es im Heiligenbluter Dialekt ein ähnliches Wort: soachen (auf Hochdeutsch: urinieren). Der Chef-Bergführer, eifrig um das Wohl der Kaiserin bemüht, rief seinen Männern also zu: „Manda bleibt's stehen! Die Kaiserin muss soachen." Damit hatte die Kaiserin genug von diesem Ausflug und bewegte sich keinen Schritt mehr. Noch heute heißt dieser Platz „Kaiserin-Elisabeth-Ruhe".

Franz Joseph wanderte weiter, kam schließlich auf dem „Hohen Sattel" an - allerdings nur noch mit 41 Mann - und genoss die Aussicht auf den Gipfel des Großglockners und die Pasterze. Dieser Platz wurde selbstverständlich auch gleich unbenannt und heißt seitdem „Franz-Josefs-Höhe". Die Pasterze, Österreichs längster Gletscher, war mit einer Ausdehnung über 30 Quadratkilometer damals übrigens doppelt so groß wie heute. Der Klimawandel lässt grüßen. Der Alpenverein nutzte die Bekanntheit von Heiligenblut als „Kaiserurlaubsort" redlich aus und baute auf den Spuren des Herrscherpaares eine Bergstraße bis zum Glocknerhaus. 1905 wurde sie eröffnet und „Kaiserin-Elisabeth-Glocknerstraße" genannt. Sie war damals noch einspurig ohne Ausweichen. Bei etwa zwanzig Kraftwagen im Jahr, die sie anfangs befuhren, war aber ohnehin nicht mit besonders viel Gegenverkehr zu rechnen.

Die mautpflichtige Straße in der heutigen Form wurde ab 1930 gebaut. Mitten in der damaligen Weltwirtschaftskrise setzten der Salzburger Landeshauptmann Franz Rehrl und der junge Bauingenieur Hofrat Franz Wallack das ehrgeizige Projekt durch. Ihre Argumente: eine neue Nord-Süd-Verbindung, Arbeit für 4000 Mann und die Aussicht auf lukrative Geschäfte. Am 30. August 1930 läutete die erste Sprengung den Bau der Straße ein. Nur fünf Jahre später, nach der Überwindung einiger - auch finanzieller - Schwierigkeiten, war man fertig. Bundespräsident Wilhelm Miklas eröffnete die 48 Kilometer lange Strecke feierlich am 3. August 1935. Schon am nächsten Tag gab es auf der Hochalpenstraße, damals war sie noch eine Schotterpiste, das erste Autorennen.



Nicht der Warenverkehr, sondern der Tourismus verhalf der Hochalpenstraße bald zu Erfolg. Die hochalpine Landschaft des Glockners war plötzlich für jedermann bequem erreichbar. Mittlerweile zählt man 900 000 Besucher pro Jahr, die sich aber recht gut „verteilen". Entlang der Straße gibt es

zahlreiche Gastronomiebetriebe, Erlebniswege und mehrere Ausstellungen wie beim Hochtor. Im originalen Straßenwärterhäuschen an der Fuscher Lacke (schon auf Salzburger Seite) kann man sich zum Beispiel über den Bau der Straße informieren.
Seit 1981 ist das Gebiet rundherum der Nationalpark Hohe Tauern. Und obwohl sich eine Straße damit eigentlich nicht „verträgt", ergänzen sich die Touristenattraktion und das Schutzgebiet hervorragend. Der Besucherstrom wird „kanalisiert", gleichzeitig können die Gäste mit Informationen entlang der Strecke für das Thema sensibilisiert und über Wissenswertes informiert werden. Im Zentrum steht natürlich Österreichs höchster Berg, der Großglockner (3798 m). Er wird auch „der schwarze Berg" genannt. Im Inneren soll ein pechschwarzer Kristall verborgen sein, der die Energie des Berges bündelt, die anziehend, Respekt gebietend und wohltuend zugleich ist. Seine schwarze Farbe hat der Glockner jedoch von seinem Mantel aus Schiefergestein.
Der Lebensraum rund um den Großglockner bietet einer Vielzahl an Tieren und Pflanzen eine einzigartige Heimat in verschiedenen Klimazonen. Steinböcke, Gämsen und Murmeltiere lassen sich hier gut beobachten. Vor allem die putzigen „Murmalan" (Kärntnerisch), wie sie die Kärntner nennen, lassen sich unbeeindruckt vom Verkehr auf der Straße blicken. Die pelzigen Nager gehören zu den Erdhörnchen und haben vor allem das Herz von Herbert Haslinger erobert. Der „Mankeiwirt" vom Gasthof Fuscherlacke direkt an der Straße auf Salzburger Seite hat sogar zahme Murmeltiere, die in seiner Jacke „wohnen". Sie sind Findelkinder, die Haslinger mit dem Fläschchen aufzieht. Denn leider kommt es immer wieder zu Unfällen mit den Tieren. Deshalb gibt es in den Murmeltierzonen Warnschilder und die große Bitte: Langsam fahren! So hat man auch mehr von der schönen Gegend.

**Info**

Die Großglockner-Hochalpenstraße kann von Anfang Mai bis Anfang November befahren werden. Bis 31. Mai von 6 bis 20 Uhr, 1. Juni bis 31. August von 5 bis 21.30 Uhr; ab 1. September von 6 bis 19.30 Uhr. Letzte Einfahrt jeweils 45 Minuten vor der Nachtsperre.
*www.grossglockner.at*

# VERSUNKENE SCHÄTZE

03

## Goldgräberdorf, Heiligenblut

In den Bächen der Hohen Tauern soll noch immer tonnenweise Gold schwimmen. Die Suche danach macht garantiert reich – an Erfahrung.

Schuld sind in diesem Fall tatsächlich die Medien. Wer von einem Goldrausch hört, denkt aufgrund einschlägiger Filme und Fernsehserien sofort an Amerika, Kalifornien, den Wilden Westen und so weiter. Kärnten hat niemand auf dem Radar, obwohl das Land einst eine Goldgrube im wahrsten Sinn des Wortes war. Im Mittelalter, also lange vor der vielfach verfilmten Gier nach Reichtum in den USA, galt Kärnten als wichtigstes Bergbaugebiet der damals bekannten Welt. In den Goldminen der Hohen Tauern waren Tausende Menschen beschäftigt. Entlang der Bäche und Flüsse wurde im großen Stil Gold gewaschen, industriell ebenso wie von Bauern als Nebenerwerb. Edelmetalltechnisch leer gefischt sind sie nicht. Es gibt nach wie vor kaum ein Fließgewässer, in dem laut Geologen kein Gold zu finden ist.
Das gehört überprüft! Die erste Adresse dafür ist das Goldgräberdorf im Kleinen Fleißtal bei Heiligenblut. Es liegt auf 1800 Meter Seehöhe, ist jedoch über eine ausgebaute Straße mit dem Auto bequem erreichbar. Neben der historischen Ruine des Alten Pochers – in dem Gebäude wurde einst das in den umliegenden Bergen abgebaute Erz zerkleinert (also gepocht) – hat der Goldwäscherverein Heiligenblut ein kleines feines Freilichtmuseum aus dem Boden gestampft. Es zeigt den Werdegang des Edelmetalls vom Stollen bis zum Schmuckstück.
In der Rekonstruktion einer Knappenhütte ist zum Beispiel eine sogenannte Bruderlade zu sehen. Diese Truhe war im Spätmittelalter die erste Sozialversicherung der im Goldbergbau beschäftigten Männer: Jeder legte von seinem Lohn einen bestimmten Anteil in die Bruderlade, Unternehmer hatten ebenso einen fixen Beitrag zu leisten. Mit dem Geld wurde die ärztliche Versorgung verunglückter oder erkrankter Bergleute bezahlt. Außerdem kam die Bruderschaft, von der die Mittel verwaltet wurden, im Todesfall für die Bestattung auf und unterstützte die Witwen und Waisen von Knappen. Wenn es etwas zu feiern gab, übernahm die Gemeinschaftskasse die Kosten für Speisen und Getränke. In einem erhalten gebliebenen Bruder-

Stube mit Bruderlade im Freilichtmuseum

Goldwaschen im Kleinen Fleißbach

schaftsbuch aus dem Mölltal ist unter anderem die Rede von „prott und khäß".

Schauen ist schön, selber schürfen aber besser. Das weiß man im Freilichtmuseum und hat vorgesorgt: Es gibt Leihgummistiefel und Goldwaschpfannen sowie eine allgemeine Ein- und Vorführung in (!) einem knöcheltiefen Teich. Die Vortragende spricht gerne, vielleicht ein wenig zu gerne. „Meine Kollegin arbeitet schon seit zwei Jahren da. Gestern hat sie zum ersten Mal Gold gefunden", plaudert sie aus. Nachsatz: „Aber eh nur ganz wenig." Dann geht es im angrenzenden Kleinen Fleißbach an die Arbeit. Es gilt, das im Sand möglicherweise vorhandene Edelmetall vom Rest der trüben Suppe zu trennen. „Waschen" heißt der Vorgang, weil man das Material mit möglichst viel Wasser vermischen muss. Da Gold viel dichter ist als die Elemente rundherum, setzt es sich dabei am Boden der Pfanne ab (wenn es überhaupt vorhanden ist, was man nie so genau weiß).

Einige kleine glänzende Körner bleiben in den Rillen am Ende so gut wie immer hängen - es ist allerdings meist kein Edelmetall, sondern Pyrit. Wegen seiner großen optischen Ähnlichkeit mit dem echten Edelmetall nennt man das Mineral Katzengold. Vor allem bei Kindern sorgt diese Erklärung regelmäßig für Begeisterungsstürme: Sie mögen Katzen und hatten ohnehin nie vor, den Schatz, den sie aus dem eiskalten Bach gefischt haben, zu verkaufen.

**Info**

Das Freilichtmuseum ist von 1. Juni bis 30. September täglich von 10 bis 17 Uhr geöffnet - außer bei „anhaltendem" Schlechtwetter. Man erreicht es über die beschilderte Ausfahrt bei Kehre 27 der Großglockner Hochalpenstraße. Der Eintritt ist frei. Die Ausrüstung zum Goldwaschen erhalten Besucher gegen eine Leihgebühr.
Goldgräberdorf Heiligenblut, Kleines Fleißtal, *www.goldgraeberdorf-heiligenblut.at*

# AUF DEM GAILTALER MEERESGRUND

## Geopark Karnische Alpen, Plöckenpass

04

Die Karnischen Alpen sind ein monumentaler Hotspot der Erdgeschichte, der nicht nur Geologen fasziniert. Auf besonders beeindruckenden Spuren wandelt man rund um den Plöckenpass.

Es ist wohl das imposanteste Bilderbuch der Welt. Sein Inhalt: die Erdgeschichte. Erzähler Professor Hans Peter Schönlaub lenkt den Blick seiner Begleiter auf die Kellerwand. Der Laie sieht nur eine schroffe Felswand. Doch für das geologisch geschulte Auge öffnet sich hier am Plöckenpass ein weltweit einzigartiges Fenster, durch das seltene Einblicke in das auf das Ordovizium folgende Erdzeitalter Silur (vor 440 bis 420 Millionen Jahren) möglich sind. „So klar wie da kommen die Gesteine nirgendwo in Europa vor", schwärmt Schönlaub.

Der ehemalige Direktor der Geologischen Bundesanstalt in Wien ist gebürtiger Kärntner und lebt jetzt im Gailtal, das als Hotspot „seiner" Wissenschaft gilt. „Dieser Platz war vor 500 Millionen Jahren auf der heutigen Höhe von Südafrika. Die immensen Kräfte der Erde haben den Meeresboden nach Norden geschoben", sagt Schönlaub. Die Querlinien an der Kellerwand sind als einstige Meeresböden besonders gut zu erkennen. Darauf haben sich Skelette, Schneckenhäuser, Korallen und mehr abgelagert. „Über 1000 Meter mächtige Riffgesteine und Ablagerungen aus Lagunen in der Kellerwand, am Roßkofel, Polinik, Seewarte, Seekopf, Gamskofel und in anderen Gebieten sind die stummen Zeugen dieser Zeit", erklärt Schönlaub.

Die Idee, die monumentale Geschichte, erzählt von den Gebirgen selbst, auch einer breiten Öffentlichkeit zu vermitteln, kam Schönlaub in den 1980er-Jahren. 2015 wurde „sein" Geopark Karnische Alpen in die exklusive Liste der „UNESCO Global Geoparks" aufgenommen. Fünf Geotrails begleiten die interessierten Wanderer durch die Region. Man kann die von Wasser gezeichnete Garnitzenklamm erkunden, in Laas führen sie zu versteinerten Bäumen und Österreichs größtem Pflanzenfossil mit nahezu 9 Meter Länge, am Zollnersee, der mit dem Auto erreichbar ist, entdecken bequeme Wanderer Spuren der Eiszeit und das Nassfeld gibt fossile Meeresstrände preis. Der erste von Schönlaub gestaltete Geotrail auf dem Plöckenpass wurde kürzlich erneuert. Die Wanderer erwarten drei Themen:

04

Spuren aus dem Ersten Weltkrieg

Geologisches Fenster in die Vergangenheit

Fossilien

Geologen bei der Arbeit

sensationelle Bilder und Unterlagen zu Erstbesteigungen im Plöckengebiet, „Geologie live“ mit praktischen Anleitungen, um sofort und vor Ort eine Zeitreise durch die Erdgeschichte beim Wandern zu erleben, und die Geschichte der Karnischen Front im Ersten Weltkrieg.
Vor allem als Kriegsschauplatz nimmt der Plöcken einen markanten Punkt in der Geschichte ein. Mit der Kriegserklärung des Königreichs Italien an Österreich-Ungarn am 23. Mai 1915 entstand eine enorme Gebirgsfront. Brennpunkt der Kampfhandlungen war auf dem Karnischen Hauptkamm der Plöckenpass und die angrenzenden Höhenzüge zwischen Cellon, Kleinem Pal und Großem Pal. Der Verein Dolomitenfreunde hat auf dem Monte Piano und auf dem Kleinen Pal ehemalige Kriegssteige für Bergwanderer wieder instand gesetzt. Die sogenannten Friedenswege führen durch ein Freilichtmuseum mit ehemaligen Stellungen und Soldatenunterkünften. Ergänzend wird im Museum „1915–18“ im Rathaus von Kötschach-Mauthen über das Leben der Soldaten auf dem Plöckenpass informiert.
Auch das moderne Zeitalter hat auf dem Plöckenpass Spuren hinterlassen. Eine Windturbine zieht weithin sichtbar ihre Kreise, drei Stauseen versorgen die Region mit Energie und das „Klauss-Schaukraftwerk Hydro-Solar“ an der Plöckenpassstraße kombiniert Solar- und Wasserenergie. Ziel der Gemeinde ist es, energieautark zu werden. Der Pioniergeist hat hier Tradition: 1885 errichtete der Kötschacher Anton Klauss ein Wasserkraftwerk und begann ab 1889 ein Stromversorgungsnetz in Kötschach aufzubauen. Es verlangte ihm viel Überzeugungsarbeit ab, die künftigen Kunden von dem „neuartigen Hirngespinst“ zu begeistern. Heute ist die Familie Klauss einer der größten privaten Ökostromanbieter Österreichs.

Info

Im Besucherzentrum des Geoparks Karnische Alpen in Dellach/Gail werden laufend Ausstellungen gezeigt. Öffnungszeiten: von Mitte Mai bis Oktober Montag bis Samstag 10.30 bis 15.30 Uhr. Hauptsaison (Juli bis Anfang September) Montag bis Samstag 10 bis 16 Uhr.
Geopark Karnische Alpen, 9635 Dellach/Gail 65, *www.geopark-karnische-alpen.at*
Das Museum „1915–18“ ist von Mitte Mai bis Mitte Oktober geöffnet: Montag bis Freitag 10 bis 13 und 15 bis 18 Uhr, samstags, sonn- und feiertags 14 bis 18 Uhr. Rathaus, Kötschach 390, 9640 Kötschach-Mauthen, *www.dolomitenfreunde.at*

# VOM LAMA LERNEN

05

## Lamatrekking, Dellach im Gailtal

Engagierte Züchter haben Lamas in Kärnten heimisch gemacht. Die besonders geländegängigen Tiere begleiten Wanderer, schulen Manager und beeindrucken alle mit ihrer süßen Gelassenheit.

Caesar schreitet tatsächlich majestätisch dahin. Bis auf seinen Gang erinnert allerdings wenig an den gleichnamigen römischen Herrscher. Kein Wunder - Caesar ist ein Lama! Das klingt nach Südamerika, spielt sich aber in Kärnten ab: beim Lamatrekking im Gailtal. Und das ist nichts für müde Zeitgenossen. Denn es handelt sich um keine (!) Transport-, sondern um eine Sportart. Die Tiere werden beim Lamatrekking nicht geritten - man führt sie an der Leine. Sie tragen aber immerhin die Rucksäcke der Menschen.

Caesar und seine Kollegen fühlen sich dabei pudelwohl. Durch ihren „Vier-Huf-Antrieb" sind sie geländegängiger als wir Menschen - sie springen Berge hinauf, dass es nur so eine Freude ist. Die Zweibeiner am anderen Ende der Leine müssen sich ganz schön anstrengen, um mitzuhalten. Und spätestens in irgendeinem Hang der Gailtaler Alpen herrscht dann wieder Gleichstand: Hat in der Ebene noch der Mensch das Lama geführt, so ist es nun umgekehrt.

Lamatrekker Johann Kanzian aus St. Daniel im Gailtal, das „Herrchen" von Caesar & Co., bringt seinen Gästen bei den Wanderungen mit den Tieren vor allem eines bei: Sanftmut. Stress und Hektik haben hier nichts verloren. Lamas sind immun dagegen. „Da werden sogar Manager wieder zu Menschen", lacht Kanzian, der die Tiere seit 2003 züchtet. Seine Trekkingtouren werden auch von Unternehmen für leitende Mitarbeiter gebucht. „Ein Lama zu führen bedeutet, Verantwortung zu übernehmen. Und das wiederum bedingt, dass man sich auf das Tier einstellt", philosophiert er.

Ein banales, aber besonders exemplarisches Beispiel dafür sind die Pinkelpausen der Lamas. Sie können mehrere Minuten dauern. Und wenn die Tiere müssen, dann müssen sie. Da hilft kein Zerren an der Leine, kein gutes Zureden, kein Wutausbruch. Kanzian formuliert es zusammenfassend natürlich eleganter: „Die Ruhe und Ausgeglichenheit der edlen Tiere geht auf jeden Teilnehmer über."

Unterwegs auf der Jauken

Hügelgräber aus der Hallstattzeit auf der Gurina

05

Lamazüchter Johann Kanzian

Kanzian bietet mehrstündige Schnuppertouren ebenso an wie ganz- und mehrtägige „Expeditionen" mit den Lamas. Zu seinen Zielen zählt zum Beispiel die Jauken. Dieser in Ost-West-Richtung verlaufende Gebirgszug der Gailtaler Alpen trennt mit seinen Gipfeln in bis zu 2000 Meter Seehöhe das Gailtal vom nördlich gelegenen Drautal. Namensgeber der Bergkette dürfte das Wetter gewesen sein. Jauk ist ein alter Begriff für den von Süden (Slowenisch: jug) wehenden Föhn. Das Gebiet war lange vor dem ehemals wohl versumpften Tal besiedelt. Auf dem Hochplateau Gurina, das im Süden der Jauken in einer Seehöhe von 800 bis 890 Meter liegt, wurde spätestens 900 v. Chr. eine erste Siedlung gegründet. Sie war damals so etwas wie die Hauptstadt Kärntens und kann ebenfalls mit den Lamas „erwandert" werden. Zu sehen gibt es rekonstruierte und etwas gespenstische Hügelgräber aus der Hallstattzeit sowie einen ebenfalls rekonstruierten Herkulestempel aus römischer Zeit. Später wurde auf der Jauken Blei- und Zinkbergbau betrieben, wovon alte Stollen und die Ruinen einer Bergarbeitersiedlung zeugen.

Idyllisch ist eine Trekkingtour zum Zollnersee in 1766 Meter Seehöhe. Der Gebirgssee wird zwar im Sommer bis zu 20 Grad warm, eignet sich aber durch das Moor rundherum nicht zum Baden. Außerdem leben in dem Gewässer Blutegel. Ein zweitägiger Ausflug mit den Lamas führt zum Wolayersee (1951 m), der Zentrum des gleichnamigen Naturschutzgebietes ist. Hier lohnt sich ein genauer Blick auf Steine und Felsen am Wegesrand ganz besonders. Vor 460 Millionen Jahren waren sie der Boden eines Meeres, weshalb Wanderer, die ein Auge dafür haben, immer wieder über versteinerte Fische, Korallen und Muscheln stolpern. Zeit zum Schauen hat man ja genug, zum Beispiel während die Lamas ihr „Geschäft" erledigen.



Info

Lamatrekking mit Rosanna und Johann Kanzian, St. Daniel 41, 9635 Dellach/Gail, *www.lamatrekking.at*

# DIE DIVA AUS DER EISZEIT

## Wulfenia, Nassfeld

06

Wählerisch und weltweit einzigartig: Die *Wulfenia carinthiaca* wächst nur auf dem Nassfeld. Und da auch nicht überall. Pflücken darf man sie nicht, aber erwandern und bewundern.

Der Volksmund ist reichlich uncharmant. „Kuhtritt" wird sie genannt oder „Hundszunge". Eine Unverschämtheit! Denn sie ist eine legendäre Diva mit Starallüren und allem Brimborium, was dazugehört. Gestatten, *Wulfenia carinthiaca* oder Wulfenie von Kärnten! Elegant residiert die Pflanze aus der Familie der Wegerichgewächse am Nordhang des Gartnerkofels in den Karnischen Alpen in einem Areal von rund 10 Quadratkilometern. Und zwar nur hier. Weltweit einzigartig und deshalb streng geschützt. Entdeckt wurde sie 1779 vom Jesuiten und Botaniker Franz Xaver Freiherr von Wulfen, der ihr auch gleich seinen Namen gab.

Die Kärntner Wulfenia hat noch drei Schwestern: Die *Wulfenia blecicii* in Albanien, die *Wulfenia orientalis* in Vorderasien und schlussendlich die *Wulfenia amherstia* im Himalaya. Sie sind vermutlich alle vier Reste einer enorm großen Population, die vermutlich schon im Tertiär vorgekommen ist. Dieses Erdzeitalter begann vor 65 Millionen Jahren und endete mit den Klimaveränderungen vor rund 2,6 Millionen Jahren.

Erstaunlich, wenn man bedenkt, wie mimosenhaft sich die Wulfenia gibt. Botaniker diskutieren bis heute über die hohen Ansprüche der Pflanze. Sie wächst nur auf der Garnitzenalm, der Kühwegeralm und der Watschigeralm, dafür vor allem auf Letzterer in unkrautartigen Mengen. Der Kärntner Forscher Ingo Findenegg hat beobachtet, dass die Wulfenia spezielle Ansprüche an Licht und Feuchtigkeit hat und sich sogar „Sonnenschirme" sucht. Sie hasst nämlich die Mittagssonne. Selbst auf großen Almweideflächen ist die Wulfenia nur dort zu finden, wo in den Mittagsstunden der Schattenkegel einzeln stehender Fichten hinfällt, am Morgen und Nachmittag jedoch die Sonne scheint.

In voller lilafarbener und ganz selten in weißer Blüte, zeigt sich die Wulfenia nur für kurze Zeit. Je nach Lage ist sie im späten Juni oder im Juli zu sehen. Und wichtig: „Paparazzi" dürfen fotografieren, das Pflücken ist jedoch streng verboten! Es zahlt sich außerdem nicht aus, diesen Frevel an der

06

Fotografieren ist erlaubt.

Die streng geschützte Kärntner Wulfenia

Natur zu begehen, denn die Diva verwelkt binnen kürzester Zeit, wenn sie abgerissen wird. Ganze Generationen von Botanikern, die hinter das Geheimnis der eiszeitlichen Schönheit kommen wollten und sie - in ihrem Fall legal - mitgenommen haben, können das bestätigen.
Eine private Exkursion zur Wulfenia lässt sich wunderbar mit der einen oder anderen Wanderung verbinden. Besonders empfehlenswert und thematisch passend ist der Geotrail Nassfeld, der 500 Millionen Jahre Erdgeschichte Revue passieren lässt. Lange bevor die Wulfenia erstmals geblüht hat, lagen die Karnischen Alpen tief unter dem Meeresspiegel, wie hier erklärt wird. Enorme Kräfte verschoben die Erdkruste und ließen die Gebirge entstehen. Dabei wurde Meeresboden in die Höhe gehoben, weshalb man in der Gegend auf 1600 bis knapp unter 2000 Meter Seehöhe Muscheln, Schnecken, Korallen oder Krebse als Fossilien finden kann.
Die Eiszeit lässt den Besucher auch am Rückweg nicht los. Wer die Nassfeldstraße zurück ins „Wulfeniadorf Tröpolach" nimmt, sollte auf halber Strecke einen kleinen Zwischenstopp einlegen. Östlich der Straße liegt ein kleines Plateau mit Parkplatz. Dahinter leuchtet schon in magischem Türkisblau der Große Bodensee durch den Fichtenwald. Viele zum Teil versunkene Bäume sorgen für eine eigentümliche Stimmung. Wer Lust hat, wandert den Forstweg entlang bis zum Kleinen Bodensee, dessen Verlandung bereits weit fortgeschritten ist.
Die beiden Bergseen sind Überbleibsel aus dem Erdzeitalter Karbon vor 300 bis 350 Millionen Jahren. Sie wurden durch eiszeitliche Blockmoränen gestaut, der Blockwall verhinderte das Abfließen des Wassers. Heute ist das rund 15 Hektar große Gebiet ein Naturdenkmal und steht seit 1962 unter Naturschutz.

**Info**

Ausgangspunkt für den Geotrail ist das Alpenhotel Plattner (1610 m). Der Rundweg führt 3,8 Kilometer durch die Karnischen Alpen. Im Juni und Juli kann man die Wulfenia in voller Blüte sehen. Man sollte sich für den gesamten Weg circa 3 Stunden Zeit nehmen. Festes Schuhwerk wird empfohlen.

07

# DER REIZ VON GLITZER UND HOLZ

## Weißensee

Man kommt dort nicht „zufällig" vorbei, man muss schon hinwollen – dafür wird man nach Überwindung einiger kurviger Höhenmeter besonders sanft empfangen.

Ein Naturjuwel kann mehr sein als ein Rohdiamant. Es muss nicht geschliffen und poliert werden, im Gegenteil. Das Glitzern der Firnkristalle am schneebedeckten Ufer, das Funkeln auf der Wasseroberfläche im Morgenlicht können die Betrachter auch so in Verzücken versetzen. Der Weißensee hat eine besondere Anziehungskraft auf jene, die es lieber unverfälscht haben. Echt. Bis Trends hier wahrgenommen werden, sind sie oft in ihrer Kurzlebigkeit schon wieder passé …

Eingebettet in ein Hochtal der Gailtaler Alpen, das weit genug ist, um kein Engegefühl aufkommen zu lassen, und doch so abgeschieden, dass Entbehrliches nicht Platz greifen kann: Der Weißensee liegt auf 929 Meter Seehöhe und ist mit einer Fläche von exakt 653,1 Hektar der viertgrößte der Kärntner Seen. Mit seiner maximalen Tiefe von 99 Meter ist er Nummer zwei im entsprechenden Ranking. Aber man muss gar nicht so tief schürfen, um die hiesigen Kostbarkeiten zu entdecken. Im „Naturpark Weißensee" achtet man darauf, die intakte Landschaft als Lebensgrundlage zu bewahren, insbesondere durch die Säulen Natur und Umweltschutz, Erholung, Bildung und Regionalentwicklung, zu denen es zahlreiche auch schon umgesetzte Aktivitäten gibt.

Was hier – im Gegensatz zu manch anderem See – nicht stattfindet, ist sinnlose Verbauung und Verhüttelung. Die Architektur rund um den Weißensee ist Wellness fürs Auge. Bei einem Spaziergang entlang des Ufers wird schnell klar, dass moderner Baustil keineswegs der Tradition widersprechen muss – auf nachhaltige Holzbauweise wird etwa beim Einsatz besonders ästhetischer und preisgekrönter Lärchenholz-„Hüllen" Wert gelegt. Sei es bei Privathäusern, Hotels oder schmuckkästchenartigen Badehäusern und zeitgeistigen, aber harmonisch eingefügten Spas direkt am Wasser. Übrigens: Jeder Beherbergungsbetrieb hat seinen eigenen Seezugang. Dennoch ist das Ufer zu zwei Dritteln unverbaut, eine (kleine) Straße gibt es nur am Nordufer. Wer sich von Ost nach West begeben möchte, fährt am besten mit dem Linienschiff.

Spa Hotel Weissenseerhof

Forschungsprojekt *autarc homes*

07

Eine Besonderheit ist außerdem die enge Verbindung von Tourismus und Landwirtschaft - ein Teil der Kurtaxe fließt unmittelbar in landwirtschaftliche Tätigkeiten. Schlauerweise hat man hier begriffen, wie's geht - am besten ziehen alle an einem Strang, und zwar in dieselbe Richtung. Dass es trotzdem Diskussionen gibt, etwa zwischen den Vertretern der Generationen, ist sonnenklar. Manche sagen: Zwischen Sturheit und Innovation, Abgeschiedenheit und Weltoffenheit. Aber die Reibung, die dabei entsteht, ist pure Energie ... Und diese ist animierend: Wer nicht nur zum Relaxen und Schauen gekommen ist, kann aktiv die Natur genießen, sommers wie winters. Dass das 11,6 Kilometer lange und bis zu 900 Meter breite Gewässer ein feiner Badesee mit 1A-Trinkwasserqualität ist, versteht sich in Kärnten beinah von selbst. Die türkise Farbe des Wassers kommt vom weißlichen Kalkschlamm (Seekreide), der auch die flachen Uferbänke überzieht und dem See den Namen gibt. Trotz seiner beachtlichen Höhenlage erwärmt er sich im Hochsommer auf bis zu 26 Grad! Für Taucher gilt er ebenfalls als Paradies, weil sein algenarmes Wasser Sichtweiten von 10 Metern zulässt. Laut dem „Kärntner Institut für Seenforschung" leben 24 Fischarten im See, die bedeutendsten sind die Maräne *(Coregonus maraena,* enge Verwandte der Reinanke) und der Hecht.
Im Winter ist der Weißensee jedenfalls das Mekka der Eisläufer. Dazu beigetragen hat sicher die Eislaufnation weit und breit - Holland. Sie machte den Weißensee vor fast 30 Jahren zum Austragungsort ihrer „Alternativen Elfstädtetour", nachdem die eigenen Kanäle, Flüsse und Seen nur selten zufrieren und die ursprünglich friesische Tour über 200 Kilometer zuletzt 1997 ausgetragen werden konnte. Leuchtende Augen gibt es aber auch bei allen anderen Profi- und Hobbysportlern oder Familien, wenn der Weißensee, relativ verlässlich, blitzblankes Spiegeleis bietet. Abgesehen vom Klima dafür verantwortlich ist der „Eismeister" mit Kultstatus Norbert Jank. Die österreichweit größte präparierte Natureisfläche ist seit Jahrzehnten sein Arbeitsplatz, was ihm schon mehrere Hollywoodaufträge im Rahmen von Filmproduktionen vor Ort beschert hat.
Ein filmtaugliches Paar sind am romantischen Weißensee aber auch Kulinarik und Kultur. Die Initiativen dazu sind vielfältig wie die sprichwörtlichen Geschmäcker: Frühstücken auf dem Floß, mehrgängiges Dinieren auf dem Berg oder beim Zweihaubenkoch, Genießen bei den Bäuerinnen in der Kuchl ... Dazu gesellen sich Gustostückerln wie Jazz unterm Birnbaum, Kabarett am See oder das Klassikfestival. Wer von derlei Höhenflügen noch mehr vertragen kann, begebe sich (per Bergbahn) auf die Alm. Zur Almut. Ihr Name steht nicht nur für die weithin bekannte und besonders umsichtig

betriebene Hütte auf der Naggler Alm (1320 m), sondern vor allem für Anpacken, Kreativität und Zukunftsorientiertheit zugunsten des „großen Ganzen" – des Weißensees. Und wenn auch das Naturjuwel keinen Schliff notwendig haben mag, so verleiht sie ihm mit ihrem ansteckenden Tatendrang noch ein wenig mehr an Glanz.

Info

Regional-bio-fair genießt man auf der Naggler Alm. Die Sonnenterrasse ist auch im Winter ein Hit, himmlisch der dunkelblaue Heidelbeerschmarrn aus Dinkelmehl. Almut Knaller, Tel. 0699/10361000, *www.naggleralmut.at*
Als langfristiges „Souvenir" geeignet: einzigartige Holzhüllen als Wärmeschutz („Intelligent Skins") für Passivhäuser.
Weissenseer Holz-System-Bau, Weißenseestraße 1, 9761 Greifenburg, *www.weissenseer.com*

# UNTER DRUCK

08

## Kölnbreinsperre, Maltatal

Österreichs größte Staumauer, die Kölnbreinsperre, ist eine Meisterleistung der Ingenieurskunst. Man kann sie nicht nur oben überqueren, sondern auch in ihrem Inneren durchqueren.

Schon die Anreise ist spektakulär. Wer die Kölnbreinsperre in natura sehen will, muss zuerst die engen Kehren und den zum Teil nur einspurig befahrbaren Tunnel der einzigen Zufahrt bewältigen. 14,4 Kilometer geht's über die mautpflichtige Malta-Hochalmstraße hinauf, bis man in 1993 Meter Seehöhe endlich vor Österreichs größter Staumauer steht. Durch das Bauwerk kann man sich von „Verbund"-Mitarbeitern wie Günter Baumgartner führen lassen. Der Einstieg befindet sich auf der anderen Talseite, weshalb es zunächst gilt, die 200 Meter hohe Mauer zu überqueren. Unterwegs wartet der Airwalk. Der Balkon hat einen Glasboden und bietet Besuchern einen, wenn man von den eigenen Hosenbeinen und Schuhen absieht, ungetrübten Blick in den wie erwähnt 200 Meter tiefen „nackten Abgrund", wie Baumgartner sagt. Noch spektakulärer ist nur der Blick in die Gesichter der anderen Touristen. In manchen spiegelt sich die nackte Angst wider.

626 Meter ist die Staumauer breit, die man nach der nahen 2934 Meter hohen Kölnbreinspitze benannt hat. Innerhalb der Sperre gibt es insgesamt fünf Kontrollgänge. Der oberste, der bei den Führungen beschritten wird, liegt 20 Meter unter dem Weg über die Staumauer. Vom untersten Kontrollgang trennen die Besucher dann noch 1000 Stufen, Laien dürfen da nicht hinunter. Dafür bringt ihnen Baumgartner die nicht viel weniger spektakuläre Geschichte des Bauwerks näher.

Weil das innere Maltatal zu den niederschlagreichsten Gebieten Kärntens zählt und sich in der Umgebung zahlreiche Gletscher mit dementsprechend viel Schmelzwasser im Sommer befinden, hat man schon Anfang des vergangenen Jahrhunderts Pläne für ein Speicherkraftwerk gewälzt. In die Tat umgesetzt wurden sie erst ab 1971. Umweltschützer hatten das Vorhaben torpediert. Ihre damalige Forderung klingt aus heutiger Sicht – nach Tschernobyl und Fukushima – skurril: Man sollte lieber auf die saubere Energie aus Atomkraftwerken zurückgreifen anstatt so schwere Eingriffe in die Natur zu verüben.

Der „überhängende“ Airwalk

08

Errichtet wurde die Kölnbreinsperre schließlich nach dem sogenannten Prinzip der Selbstverspannung, das in kleineren Ausmaßen schon seit Jahrhunderten beim Bau von Gewölben und Kuppeln angewandt wird. Vereinfacht erklärt handelt es sich um eine horizontal und vertikal gekrümmte Gewölbemauer, die wie eine um 90 Grad gekippte, flache Kuppel rechts und links gegen den Fels verspreizt ist. Durch diese Art der Konstruktion, die weitaus mehr Druck aushält als kerzengerade Wände, ist man mit vergleichsweise wenig Material ausgekommen. In die Staumauer sind insgesamt nur 2,1 Millionen Kubikmeter Beton geflossen, womit man laut Baumgartner allerdings 3600 Reihenhäuser bauen könnte.

Die Kölnbreinsperre muss extremen Belastungen standhalten, vor allem zwischen Ende September und Mitte Oktober. In dieser Zeit ist der 4,5 Kilometer lange, bis zu 800 Meter breite und 200 Meter tiefe Stausee meistens bis zum Rand gefüllt. Auf der Mauer lastet dann ein Druck von 5,5 Millionen Tonnen. Er ist so stark, dass sogar die massiven Gebirgsflanken rechts und links des Sees 10 Millimeter auseinandergepresst werden. Um diesen abstrakten Zahlen ein Gesicht zu geben, hat Baumgartner ein gutes Beispiel parat: Wenn man ohne See auf die Mauer einen Druck von 5,5 Millionen Tonnen ausüben wollte, müsste man diese umlegen und auf ihr die gesamte (!) Bevölkerung Deutschlands tanzen lassen.

In der Sperre befinden sich 2500 Messinstrumente, die laufend Daten über die Mauer liefern. Die Geräte können Bewegungen des Bauwerks im Hundertstelmillimeter-Bereich aufzeichnen. 800 davon hängen am Zentralcomputer, die anderen müssen von Hand abgelesen werden. Erledigt wird dies von den Menschen, die den Kontrollgang mehrmals täglich dienstlich gehen dürfen: Mindestens zwei Mitarbeiter halten immer die Stellung – egal ob es draußen stürmt oder schneit, was hier im Hochgebirge im Winter oft vorkommen kann. Versorgt und abgelöst wird das Team in solchen Fällen per Hubschrauber.

Die permanenten Messungen haben sich zumindest schon einmal bezahlt gemacht: Als man den Stausee 1978 zum ersten Mal bis an den Rand füllte, registrierten die Instrumente kleine Risse an der Basis der in diesem Bereich 41 Meter breiten Staumauer. Schuld war eine Überbeanspruchung des Betons, weil sich Sperre und Gebirge unter dem Druck des Wassers ganz anders verformt hatten als zunächst berechnet. Jahrelang konnte der Speicher deshalb nur zu 75 Prozent gefüllt werden. Von 1989 bis 1992 erfolgten aufwendige Sanierungsarbeiten. Die Risse wurden mit Kunstharzinjektionen abgedichtet. Talseitig errichtete man mit einer halben Millionen Kubikmeter Beton ein 65 Meter hohes und 70 Meter breites Stützgewölbe, das die Sperre seit damals

Im Inneren der Kölnbreinsperre

bei einem Vollstau um 22 Prozent des Druckes entlastet. Der künstliche See dahinter fasst 200 Millionen Kubikmeter Wasser, das nur selten wärmer als 4 Grad wird. „Damit könnte man eine Stadt mit 100 000 Einwohnern 1000 Jahre lang mit Trinkwasser versorgen“, weiß Baumgartner.

Die elektrische Energie wird übrigens nicht in der Kölnbreinsperre erzeugt. Sie speichert nur das Wasser und liefert es bei Bedarf an die tiefer gelegenen Kraftwerke im Malta- und Mölltal. Die Leitungen verlaufen zum Teil durch gigantische, kilometerlange Stollen, die nur für diesen Zweck ins Gebirge gesprengt worden sind. Binnen zwei Minuten kann Vollgas gegeben und die Leistung eines Atomkraftwerkes erreicht werden. Damit ist die Sperre neben ihrer zentralen Rolle als Speicher für den hohen Energiebedarf im Winter vor allem eine wichtige Ausfallsreserve für das europäische Stromnetz.

Info

Die mautpflichtige Malta-Hochalmstraße ist von Anfang Mai bis Ende Oktober befahrbar. Das Wandeln auf dem Airwalk der Kölnbreinsperre und der Besuch der Erlebniswelten-Ausstellung im Berghotel sind kostenlos. Führungen durch die Staumauer können im Shop gebucht werden und finden laufend statt.
Verbund Tourismus, Brandstatt 26, 9854 Malta, *www.verbund.com/tm/de/malta-hochalmstrasse*

# 09 AUF GEISTERJAGD

## Schloss Porcia, Spittal/Drau

Kärntens schönster „Palazzo“ garantiert eine Achterbahn der Gefühle. Erstens spukt es, zweitens kann man über das Volkskundemuseum staunen und drittens bei den Komödienspielen lachen.

Die Lifttür öffnet sich. Man steigt ein, drückt die Taste für den zweiten Stock, um ins Museum für Volkskultur zu schweben, und der Aufzug setzt sich in Bewegung. Oben angekommen, bleibt er stehen, aber die Tür geht nicht auf. Dann fährt der Lift, ohne dass man eine Taste betätigt hat, wieder los. Zurück im Parterre, öffnet sich zwar eine Tür, aber jene auf der anderen Seite. Niemand steht da, der den Aufzug gerufen haben könnte. Man drückt wieder die Taste für den zweiten Stock, landet aber im ersten und der Lift fährt diesmal überhaupt nicht weiter ...

Der Alltag im Schloss Porcia in Spittal an der Drau ist der beste Beweis dafür, dass es in diesen Mauern spukt. Immer wieder schauen Geisterjäger aus aller Welt vorbei, um – meist gut ausgeleuchtet von den Scheinwerfern diverser Kamerateams – Licht ins Dunkel zu bringen. Das Gespenst haben sie nicht vertrieben. Im Gegenteil. In dem Schloss, das unter anderem das Museum für Volkskultur sowie die Tourismusinformation und das Kulturamt der Stadt beherbergt, hört man in der Nacht weiterhin Schritte, obwohl niemand mehr im Gebäude sein dürfte. Möbel stehen in der Früh plötzlich an einem anderen Platz. Oder es wird die Alarmanlage ausgelöst und die eintreffende Polizei findet – wie jedes Mal – weder einen Eindringling noch die Ursache für die Fehlfunktion.

Wer durch das Renaissanceschloss geistert, scheint hingegen ziemlich klar zu sein: die sagenumwobene Katharina von Salamanca. Sie soll hier um 1600 gar grausam geherrscht haben. Auf das bettelnde Volk hetzte sie Hunde, dabei wurde ein alter Mann von den Tieren zerfleischt. Dieser verfluchte mit seinen letzten Atemzügen Katharinas einzigen Sohn und Augenstern Johann – er solle denselben furchtbaren Tod sterben. Jahre später bissen den Adeligen tatsächlich die eigenen Hunde zu Tode. Die Gräfin wurde durch die tiefe Trauer darüber noch hartherziger und geiziger. Als sie ihr eigenes Ende kommen spürte, befahl Katharina einer Zofe und einem

Innenhof von Schloss Porcia



Fürstenzimmer

Maurer, ihre Schätze im Schloss einzumauern. Den Handwerker ließ sie nach getaner Arbeit töten und die Zofe erschlug sie selbst, um das Geheimnis um ihr Gold für immer zu wahren.

Bis heute hat den Schatz, den der Geist der Gräfin zu bewachen scheint, niemand gefunden. Dafür gab es zahlreiche Versuche, dem Spuk im Schloss ein Ende zu bereiten. 2007 glaubte der damalige Spittaler Bürgermeister Gerhard Köfer, den Grund für die Unruhe der an sich Verblichenen gefunden zu haben: Die Gebeine der Gräfin Salamanca waren, nachdem man sie in einem Keller gefunden hatte, 17 Jahre lang unrühmlich in einer Bananenschachtel im Stadtarchiv gelagert gewesen. Köfer ließ die sterblichen Überreste in einem Ehrengrab am Stadtfriedhof bestatten. Doch der Spuk ging munter weiter.

Ein Besuch des Schlosses zahlt sich auch für Nicht-Geisterjäger aus. Das ab 1534 errichtete Gebäude zählt zu den schönsten Renaissancebauten nördlich der Alpen und gleicht eher einem italienischen Palazzo als einem „klassischen" Kärntner Herrschaftssitz. Das aus Spanien stammende Geschlecht der Salamanca starb 1620 aus. Von 1662 bis 1918 gehörte das architektonische Schmuckkästchen dann der aus Norditalien stammenden Adelsfamilie Porcia, die dem Palazzo den passenden „südlichen" Namen gab, unter dem man ihn bis heute kennt: Schloss Porcia.

Die wenigen noch erhaltenen Originalmöbel werden mittlerweile vom Museum für Volkskultur gehütet. Im sogenannten Fürstenzimmer ist das Schlafgemach der Gräfin Salamanca ausgestellt. Zusätzlich wird das Schloss, das sich seit Mitte des 20. Jahrhunderts im Besitz der Stadtgemeinde befindet und teilweise kostenlos besichtigt werden kann, als Aufführungsort genutzt. Im Sommer zieht hier jedes Jahr das „Ensemble Porcia" mit seinen über die Grenzen Kärntens hinaus bekannten Theaterstücken ein und erfüllt den Innenhof oft mit Lachen. Vielleicht kein Wunder, dass die Seele der alten Gräfin bei so viel Action keinen Frieden findet.

**Info**

Das Museum für Volkskultur ist von Mitte April bis 26. Oktober täglich von 9 bis 18 Uhr geöffnet, von 27. Oktober bis Mitte April: Montag bis Donnerstag jeweils zwischen 13 und 16 Uhr.

Schloss Porcia, Burgplatz 1, 9800 Spittal/Drau, *www.museum-spittal.com*

Die 1961 gegründeten Komödienspiele (seit 2014 „Ensemble Porcia") produzieren jährlich im Sommer bis zu sechs Theaterstücke.

*www.ensemble-porcia.at*

# WO GESCHICHTE UND KUNST LEBENDIG SIND

## Gmünd

10

Historisches Gemäuer, wohin man blickt, und Geschichten, die verwundern und anregen. Kein Zufall, dass längst die Kunst das mittelalterliche Städtchen erobert hat.

Das Städtchen Gmünd in Oberkärnten wirkt auf den ersten Blick einfach romantisch. Hübsch eingebettet zwischen dem Nationalpark Hohe Tauern und dem Biosphärenpark Nockberge, pastellbunte Häuserfassaden, vier Stadttore und die hoch oben thronende Burg: eine herrliche Filmkulisse – nur, falls sich Rosamunde Pilcher einmal ins österreichisch-alpine Mittelalter verirren sollte. Auch der Name klingt gemütlich: Gmünd leitet sich von Mündung ab, weil sich hier die Flüsse Lieser und Malta treffen. Aber schaut man dann ein wenig hinter die (dicken) Mauern der historischen Häuser, hat es das Städtchen – im positiven und überraschenden Sinn – faustdick hinter den Ohren.

Gmünd war schon vor 2000 Jahren die letzte Station vor dem Beginn der Alpenroute über den Katschberg auf dem wichtigen Handelsweg zwischen der Adria und dem „hohen" Norden. Historiker vermuten, dass es hier eine römische Straßenstation gegeben hat. Historisch erwähnt wird Gmünd erst später: Im 12. oder frühen 13. Jahrhundert befanden sich hier zunächst eine Säumerstation (die Säumer transportierten Waren mit trittsicheren Tieren über die Berge) und Handelsniederlassungen. 1346 erhielt Gmünd das Stadtrecht und zählt damit zu den ältesten Städten Österreichs.

Als lukrative Mautstation höchst begehrt, war die Stadt ein Vorposten der Erzdiözese Salzburg. Ihr Einfluss ist bis heute sichtbar. So fühlt man sich bei einem Spaziergang durch den Stadtkern bei einem Haus an das Neugebäude der Salzburger Residenz erinnert: Der architektonische Doppelgänger beherbergt heute eine Schule und wurde zwischen 1607 und 1654 von Hans Rudolf von Raitenau, dem jüngsten Bruder des Salzburger Erzbischofs Wolf Dietrich von Raitenau, als Stadtschloss auf dem Hauptplatz errichtet. Aus Geldnot wurde Gmünd später abermals verkauft: 1639 zogen die ursprünglich aus der Gegend um Trient stammenden Grafen Lodron hier ein. Sage und schreibe 18 000 Hektar gingen an Graf Christoph Lodron, dessen

# 10

Gmünd

Alte Burg

Skulpturengarten Fritz Russ

Im Pankratium

Bruder Paris in Salzburg als Fürsterzbischof an die Macht gekommen war und kräftig mitfinanzierte.
Ein religiöses Kuriosum findet sich weiter nordöstlich von Gmünd an einer ehemaligen Römerstraße: eine zweigeteilte Kirche. Der rosarote Gottesbau ist durch eine Straße geteilt. Die Gläubigen sitzen im Gebetsraum auf der einen Seite, die Kapelle mit Altar befindet sich auf der anderen Seite der Straße. Dazwischen fahren Autos! Die Kirche geht wohl auf das Marterl „Kreuz am Bichl" aus dem 15. Jahrhundert zurück. 1588 wurde daraus die „Kreuzbichlkapelle". Wahrscheinlich wurde einst die Galerie für Reisende oder Prozessionsteilnehmer auf der anderen Straßenseite errichtet, um ihnen während der Andacht vor der Kapelle Schutz zu gewähren. Überliefert wird auch, dass hier die zum Tode verurteilten Delinquenten auf dem Weg zur Gmündner Richtstätte, dem etwa einen Kilometer entfernten Galgenbichl, innehielten.
Unter ihnen war auch die sogenannte Faschaunerin. Eva Kary, geborene Faschauner, gilt als letztes Opfer einer „peinlichen Befragung" - dem Verhör unter Folter - in Österreich. Eva, so die Überlieferung, war zur Heirat mit dem Bauern Jakob Kary gezwungen worden. Nur Wochen nach der Hochzeit im Jahr 1770 starb der Ehemann unter heftigen Leibschmerzen. Schnell geriet Eva unter Verdacht. Sie soll ihm mit Arsenik „gewürzte" Topfennudeln verabreicht haben. Arsenik war zu dieser Zeit als „Doping des kleinen Mannes" und Potenzmittel weit verbreitet. Knechte und Bergleute nahmen es, um nicht so schnell zu ermüden, Pferden wurde es vor langen Reisen über die Alpen unter das Futter gemischt. Zu viel jedoch - das wusste man schon damals - war tödlich. Drei Jahre lang schmachtete die Faschaunerin in einer dunklen Zelle des Gerichtsgebäudes, das heute noch steht. Unter Folter wurde ihr schlussendlich ein Geständnis abgerungen. Man enthauptete sie am Galgenbichl vor Gmünd.
Gmünd war in seiner Geschichte aber auch Zufluchtsort. Kurz vor Ende des Zweiten Weltkrieges verlagerte Ferdinand Porsche die Produktionsstätte seiner Firma in das vom Kriegsgeschehen wenig gefährdete Gmünd. Bis 1950 nutzte er gar die umliegenden Alpenstraßen als Teststrecke für seine Boliden. Über sein Werk und Wirken berichtet heute das Porschemuseum vor der Stadt.
Doch abseits der überall spür- und sichtbaren Geschichte kann das schöne Städtchen noch viel mehr: Gmünd ist Kunst. Seit über zwei Jahrzehnten schafft es die Kulturinitiative Gmünd und allen voran „Chefin" Erika Schuster, verschiedenste Orte - vom Stadtturm über das Gastatelier im Maltator, vom Kunst- und Handwerkshaus bis hin zur Alten Burg - und damit die gesamte Stadt erfolgreich mit Leben zu erfüllen, und wie! Maler und Medi-

Über der Künstlerstadt thront die Burg.

enkünstler, Fotografen und Bildhauer, egal ob mit regionalem oder internationalem Hintergrund, haben hier schon Heimat gefunden. Die vielseitigen Ausstellungen, stets ergänzt von Literatur und Musik, locken jedes Jahr mehr Besucher an, weswegen die Kulturarbeit vielfach preisausgezeichnet wurde und als Best-Practice-Modell für regionale Stadtentwicklung gilt.
Wer sich in der Künstlerstadt Gmünd selbst kreativ betätigen möchte, sollte unbedingt dem „Pankratium", dem „Haus des Staunens", einen Besuch abstatten. „Denn wer staunt, wird eher still und hält inne; wer staunt, hält Augen, Ohren, ja, oft auch den Mund offen." Das Museum in einem der ältesten revitalisierten Gebäude ist eine visuell-akustische Erlebniswelt und vereint Kunst, Wissenschaft und persönliche Erfahrung. Die ebenfalls mehrfach ausgezeichnete Ausstellung lädt zum Erforschen der leisen Töne ein: WasserKlangBilder, KlangKunstGarten oder KlangMaschinen heißen hier die Stationen, an denen sich Kinder und Erwachsene restlos begeistern können … Alles in allem: eine Stadt zum Staunen.



**Info**

Das Pankratium – Haus des Staunens hat von Mai bis Oktober täglich von 10 bis 17 Uhr (im Juli und August bis 18 Uhr) geöffnet. Hintere Gasse 6, 9853 Gmünd, *www.pankratium.at*

# MODERNE RITTER

## Kirchtag, Feistritz/Gail und Villach

11

Brutal, ursprünglich, spektakulär: Das Kufenstechen ist nur bei den Kirchtagen im unteren Gailtal Brauch. Kirchtagssuppen darf man mittlerweile auch anderswo in Kärnten löffeln.

Vielleicht sind sie ein bisschen stur. Aber nennen wir es lieber „konsequent". Oder kompromisslos. Wenn es um „ihr" Brauchtum geht, verstehen die Gailtaler keinen Spaß. Das schließt aber nicht aus, dass sie dabei Spaß haben. Den meisten beim traditionellen Kufenstechen. Dieser Reiterbrauch wird ausschließlich bei den Kirchtagen im unteren Gailtal gepflegt. Als bekannteste Veranstaltung dieser Art gilt das Kufenstechen in Feistritz/Gail am Pfingstmontag.

Junge unverheiratete Burschen aus dem Ort reiten dabei ohne Sattel auf den schweren im Gailtal schon seit Jahrhunderten gezüchteten Norikerpferden. Im Galopp versuchen sie, mit einer Eisenkeule ein umgekehrt aufgehängtes Holzfass zu zerschlagen. Wer das letzte Stück zu Fall bringt, hat gewonnen. Die „Erfindung" des für die Beteiligten nicht ganz ungefährlichen Brauches ist Stoff gleich mehrerer Legenden, die meist zur Zeit der Türkeneinfälle in Kärnten, also Ende des 15. Jahrhunderts, angesiedelt sind. Der blutrünstigsten Überlieferung zufolge soll es den Gailtalern damals gelungen sein, einen Anführer der feindlichen Horden gefangen zu nehmen. Am Dorfplatz von Feistritz wurde er an einen Pfahl gebunden und von den vorbeireitenden Bauern mit einer Keule erschlagen, was schließlich zum Abzug der Türken aus dem Gebiet geführt haben soll.

Urkundlich wurde das Kufenstechen 1804 erstmals erwähnt, und zwar von keinem Geringeren als Erzherzog Johann, der den Brauch in St. Stefan/Gail beobachtete. Der Gailtaler Historiker Peter Wiesflecker sieht in der Tradition eine Kopie ritterlicher Spiele, die wiederum auf die römische Quintana zurückgehen, eine in einem Lager an einem mannshohen Holzpflock ausgeführte Übung. „Derartige Turniere gab es bis in die Barockzeit", sagt Wiesflecker. „Abseits des höfischen Lebens fanden sie auch in Oberitalien und Istrien statt."

Kufenstechen in Feistritz/Gail

11

Villacher Kirchtag

Beim Kufenstechen und dem anschließenden Tanz unter der Linde tragen die Burschen und Mädchen die traditionelle Gailtaler Tracht. Bei den Männern dürfte sie eine „Weiterentwicklung" der Bekleidung von Fuhrleuten sein. Sie tragen unter anderem hohe Schaftstiefel, die über das Knie reichen, und eine schwarze Zipfelmütze mit Streifen. Die Frauentracht besteht aus einer Vielzahl von Teilen. Weiße Zipfelstrümpfe betonen die Waden der Mädchen. Über der weißen, mit Spitzen besetzten Baumwollunterhose tragen sie einen in Wellen gelegten kurzen, engen Unterrock und darüber noch einen weiteren Rock mit zwölf Laufmetern Stoff.
Seit 1950 wird diese Tracht auch von den Kirchtagsladern der Villacher Bauerngman getragen – zum besonderen Missfallen der Burschenschaften im unteren Gailtal, die immer wieder darauf aufmerksam machen, dass Villach nicht zum Gailtal gehöre ... In der Draustadt sieht man das anders und verweist auf den Umstand, dass die Gail erst in Villach in die Drau mündet. Wie auch immer: Wer den Kirchtag am Pfingstmontag in Feistritz versäumt, kann in Villach am ersten Samstag im August „nachfeiern", wobei sich das Fest in der Stadt grundsätzlich von dem im Dorf unterscheidet.
Der Villacher Kirchtag geht zwar auf ein 1255 der Stadt verliehenes Marktrecht zurück, wird in seiner aktuellen folkloristischen Version aber erst seit 1936 gefeiert. Mittlerweile gilt er mit bis zu 450 000 Besuchern an acht Tagen als Österreichs größtes Brauchtumsfest. Die Altstadt wird für eine Woche zur Kulisse für bis zu 130 Einzelveranstaltungen. Dass der Villacher Kirchtag trotz seiner Größe zu den stimmungsvollsten Festen in Kärnten zählt, ist vor allem der Qualitätsoffensive zu verdanken, die Richard Pfeiler, der langjährige Obmann des Veranstaltervereins, um die Jahrtausendwende gestartet hat. Die Kirchtagssuppenverkostung auf dem Rathausplatz zählt zu den beliebtesten Veranstaltungen der Villacher Brauchtumswoche. Um die Frage, wer die beste Suppe kocht, ist ein viel beachteter Wettbewerb entbrannt.
Die Kirchtagssuppe gibt es auch (und schon länger) im unteren Gailtal, wo man das Treiben in Villach eher als „Volksfest", denn als „Kirchtag" sieht. Die Gailtaler ließ das Theater in der Stadt zusammenrücken. Als im Jahr 2000 Pläne laut wurden, dass man beim Villacher Kirchtag ebenfalls ein Kufenstechen durchführen wollte, trafen sich die Burschenschafter aus den Dörfern und verfassten einen Ehrenkodex. Zentraler Inhalt: Außerhalb des unteren Gailtals darf kein Kufenstechen stattfinden! Seither ist das Thema in Villach vom Tisch.

Der Villacher Kirchtag ist Österreichs größtes Brauchtumsfest.

**Info**

Der Kirchtag in Feistritz/Gail findet immer am Pfingstmontag statt. Am Vormittag gibt es ein Kufenstechen in Oberfeistritz, am Nachmittag in Unterfeistritz.

Der Villacher Kirchtag wird am ersten Samstag im August gefeiert. Im Vorfeld gibt es ab Sonntag einen bunten Veranstaltungsreigen im Rahmen der Brauchtumswoche. Informationen über die Einzelveranstaltungen findet man im Internet: *www.villacherkirchtag.at*

Wer sich über die nicht ganz einfache Zubereitung „drübertraut", findet das Rezept für eine Villacher Kirchtagssuppe zum Beispiel hier: *Willi Tschemernjak, Kärntner Küche – Die klassischen Rezepte, Pichler Verlag.*

# GLÜCK AUF!

## Terra Mystica und Terra Montana, Bad Bleiberg

12

In den Stollen von Bad Bleiberg wird nichts mehr abgebaut, aber viel Wissen vermittelt. Ehemalige Bergmänner erklären die Geheimnisse des Erdinneren, die schwere Arbeit von einst und warum man sich hier mit „Glück auf" begrüßt.

Wenn sich zwei Menschen „Glück auf" wünschen, dann verbindet sie das Schicksal. Der mehr als 400 Jahre alte Gruß der Bergmänner ist keine jener oberflächlichen Floskeln, die wir uns im Alltag mehr oder weniger freundlich entgegenmurmeln. „Glück auf" bedeutet nicht „Guten Tag", sondern beschreibt seit Jahrhunderten einen täglichen Überlebenskampf und zwei damit verbundene Hoffnungen: Zuerst mögen sich neue Erzgänge auftun und dann die Männer, wie man in ihrer Sprache sagt, wieder sicher aus dem Bergwerk ausfahren.

In Bad Bleiberg sagt und schreibt man nach wie vor „Glück auf". Fast 700 Jahre lang hat der Blei- und Zinkbergbau das Hochtal westlich von Villach und dessen Einwohner geprägt. Eine Quelle des Reichtums war er für die wenigsten, aber für die meisten die Existenzgrundlage. Der wirtschaftliche Aufstieg des 1930 zur Marktgemeinde erhobenen Ortes war eng und aus heutiger Sicht wahrscheinlich sogar zu eng mit dem verknüpft, was man zutage fördern und verarbeiten konnte. Am 30. September 1993 wurde der Bergbau für immer stillgelegt.

Wünscht man sich hier nach wie vor in der Schule, im Supermarkt, im Gasthaus und bei privaten Begegnungen „Glück auf", weil man Glück nun dringender denn je braucht? Natürlich schwingt bei einigen Bleibergern Wehmut mit. Ihr „Glück auf" ist aber vor allem mit einem Aufbruch verbunden – in eine Zukunft, die sich ihrer Wurzeln bewusst ist. 2010 wurde die Bleiberger Knappenkultur in das UNESCO-Verzeichnis des Immateriellen österreichischen Kulturerbes aufgenommen. Vereine und Privatpersonen bemühen sich um die Erhaltung und Weitergabe alter Traditionen. Auch in den Berg fährt man wieder ein: Immer mehr Touristen und einheimische Tagesgäste erkunden die unterirdische Erlebniswelt Terra Mystica und das Schaubergwerk Terra Montana.

In den Stollen von Terra Mystica wird Besuchern multimedial die Entstehung

12

Kinder erleben das Abenteuer Bergbau hautnah.

Terra Montana

Die längste Bergmannsrutsche Europas

Michael Grafenauer

unseres Planeten vor Augen geführt. Zu den spannend und familientauglich aufbereiteten Geheimnissen aus dem Erdinneren geht's rasant auf dem Hosenboden. Wer sich traut, darf die mit 68 Metern längste Bergmannsrutsche Europas benutzen. Action anderer Art steht in der Terra Montana auf dem Programm. Für das unterirdische Museum hat Betreiber Michael Grafenauer, der bis zur Schließung selbst in den Stollen gearbeitet hat, mit ehemaligen Kollegen Werkzeug und Maschinen aus mehreren Jahrhunderten Bergbau zusammengetragen. Viele Geräte funktionieren nach wie vor, was man gerne ohrenbetäubend unter Beweis stellt.

Ruhiger, aber beklemmender ist der anschließende Blick in einen Schrämmstollen. So nennt man die 50 bis höchsten 60 Zentimeter breiten und etwa 1,60 Meter hohen Gänge, die bis zum Einsatz von Schießpulver zu Beginn des 18. Jahrhunderts ausschließlich von Hand in den Berg getrieben worden sind. Als Werkzeuge dienten dabei Schlägel (ein Hammer) und Eisen (ein spitzer Meißel). In gekreuzter Form bilden sie das historische Bergmannswappen, das auch in Bad Bleiberg allgegenwärtig ist. Darauf werden Hammer und Meißel so dargestellt, wie man sie nach der Arbeit abgelegt hat: Der mit der rechten Hand geführte Schlägel zeigt von rechts unten nach links oben, das in der linke Hand gehaltene Eisen von links unten nach rechts oben.

Wer Terra Mystica besucht, kommt in der Perschazeche vorbei. Dieser Teil des insgesamt fast 1300 Kilometer langen Stollenlabyrinths wurde in den 1930er-Jahren zu einem Felsentheater umgebaut, in dem Konzerte, aber genau so Clubbing- und Rave-Veranstaltungen staffinden. Um den 4. Dezember wird hier jährlich die Barbaramesse gefeiert, ein Gottesdienst zu Ehren der Schutzpatronin der Bergleute. Zu besonderen Anlässen, in den vergangenen Jahrzehnten leider immer seltener, stehen ehemalige Bergmänner auf der Bühne und führen das Knappenspiel auf. Es erzählt eine wahre Geschichte: 1717 haben Bleiberger Mineure an der Belagerung von Belgrad im venezianisch-österreichischen Türkenkrieg teilgenommen. Bei der Eroberung der Stadt spielten sie eine entscheidende Rolle, weshalb ihnen von Prinz Eugen eine Fahne geschenkt wurde. Sie gilt heute als älteste Knappenfahne der Welt und wird im Museum von Terra Mystica ausgestellt.

Wer zufällig Michael Grafenauer höchstpersönlich als Führer erwischt, kommt in den Genuss zumindest einer Szene des legendären Knappenspiels. Er kann einfach nicht an der Bühne des Felsentheaters vorbeigehen, ohne kurz hinaufzuklettern und in seine Paraderolle zu schlüpfen. Aus dem ehemaligen Bergmann wird dann für ein paar Sätze der legendäre Feldherr

In manchen Stollen steht die Zeit still.

Prinz Eugen von Savoyen. Die überraschende Einlage wird stets mit viel Applaus bedacht. Er gilt dabei nicht nur dem einsamen Darsteller, sondern allen Bleibergern, die unter und über Tage alte Traditionen pflegen. Weiterhin: Glück auf!

Info

Multimedialer Erlebnisstollen Terra Mystica und Schaubergwerk Terra Montana, Bleiberg-Nötsch 91, 9531 Bleiberg-Nötsch, *www.terra-mystica.at*
Im Gasthaus Bergwerk von Familie Wirnsperger werden Relikte aus dem Bergbau ausgestellt. Von der Theke aus kann man durch eine Glasplatte in einen Stollen schauen.
Täglich von 9 bis 24 Uhr geöffnet. 9531 Bleiberg-Kreuth 42
Der Kulturwirt Zum Mohren ist selbst Teil der Bergbaugeschichte – der Name leitet sich von der einstigen Besitzerfamilie Moro ab, die im 18. Jahrhundert nach Bleiberg gekommen ist. 9530 Bad Bleiberg 91, *www.zum-mohren.at*

# LEBEN NACH DEM BEBEN

## Schütt, Arnoldstein und Villach

13

Verheerende Felsstürze vom Dobratsch ins Gailtal ließen eine europaweit einzigartige Landschaft entstehen: die Schütt. Sie ist Kärntens ältestes Naturschutzgebiet und ein wilder Hotspot der Biodiversität.

Der Name erklärt viel: Die Schütt zwischen Villach und Arnoldstein heißt so, weil sie das Ergebnis eines gewaltigen Bergsturzes ist. Am 25. Jänner 1348 bebte im Alpen-Adria-Raum die Erde so stark, dass Gebäude bis ins heutige Ungarn und Deutschland wackelten. Das Epizentrum lag vermutlich in der Gegend von Tolmezzo in Friaul. In die Geschichte sollten jedoch vor allem die Folgen in Kärnten eingehen. Aus der Südwand des 2166 Meter hohen Dobratsch lösten sich schätzungsweise 30 Millionen Kubikmeter Gestein und donnerten ins Tal. Die bizarre Landschaft, die sie dort formten, heißt seither Schütt.

In zeitgenössischen Berichten ist die Rede von neun Dörfern, die anno 1348 angeblich unter den Felsmassen begraben wurden. Mittlerweile weiß man: Die damals kaum überprüfbaren und mit allerlei Klageliedern ausgeschmückten Angaben des Klosters Arnoldstein waren nur eine Art Versicherungsbetrug - man wollte sich damit Steuererleichterungen erschleichen. Tatsächlich betraf der Bergsturz indirekt nur zwei Dörfer. Sie mussten aufgegeben werden, weil das Geröll die Gail langsam zu einem See aufstaute, der die - bis heute übrigens nicht exakt lokalisierten - Ortschaften Pruck und St. Johann überflutete.

Bis Anfang des 20. Jahrhunderts ging man davon aus, dass die einzigartige Landschaft der Schütt in erster Linie auf das Ereignis im Jahr 1348 zurückgeht. Dann fanden Forscher heraus: Der Bergsturz im Mittelalter war wohl nur ein kleiner Steinschlag im Vergleich zu dem, was irgendwann nach der letzten Eiszeit, also vor etwa 10 000 Jahren, vom Dobratsch gestürzt war. 500 Millionen Kubikmeter Felsen dürften sich damals vom Berg verabschiedet haben und im wahrsten Sinn des Wortes im Gailtal aufgeschlagen haben. Geologen, die es ganz genau nehmen, trennen das insgesamt 24 Quadratkilometer große Gebiet daher in „Alte Schütt" (Felsen aus der Eiszeit) und „Neue Schütt" (Felsen aus 1348), wobei sich die Gebiete zum Teil überlagern. Die Schuttdecke, also der Abstand vom damaligen zum heutigen Boden, beträgt bis zu 80 Meter!

Einsame Badeplätze

Das markante Bergsturzgebiet

Unterwegs in der Schütt

Am Rand des Schutzgebietes wird wieder Wein angebaut.

An den Millionen Menschen, die das Gebiet mittlerweile Jahr für Jahr motorisiert auf der Südautobahn durchqueren, zieht dieses Wissen spurlos vorüber. Einige wundern sich vielleicht kurz über die Umrisse eines Beton-Bären auf einer Brücke über der Fahrbahn - das war's dann aber schon. Der Übergang wurde beim Bau der Autobahn übrigens für den gemacht, der darauf zu sehen ist - ab und zu marschiert tatsächlich ein Bär durch die Schütt. Diese wohl größten Besucher des Gebiets kommen auf „ihrer" Bärenbrücke sicher über die A2, was eine eigens angebrachte Wildkamera dokumentiert. Meist fängt die Nachtsichtkamera allerdings wildes menschliches Treiben ein. Manche werden offenbar gern zum Tier, wenn sie sich auf einer abgeschiedenen Brücke vergnügen, unter der gerade Autos durchrasen.
Straße und Verkehr sind - zum Glück - die einzigen menschlichen Eingriffe in dieser Gegend geblieben. Die Schütt ist seit 1942 ein Naturschutzgebiet und damit das älteste Kärntens. Man muss kein Botaniker sein, um die einzigartige Vielfalt der Landschaft zu erkennen: Teilweise überwachsene riesige Felsblöcke wechseln sich mit Geröllhalden, Wäldern und Wiesen ab. Experten sprechen von einem „Hotspot der Biodiversität". Aufgrund der Bergstürze befindet sich die Entwicklung des Gebiets in ganz unterschiedlichen Stadien. Dazwischen öffnen sich immer wieder „Urlandschaften", die vom Felssturz nicht betroffen, aber durch ihn weitgehend von äußeren und vor allem menschlichen Einflüssen abgeschirmt waren.
Durch die Schütt führen zahlreiche Wanderwege, Ausgangspunkt der meisten ist das Dorf Oberschütt. In nur wenigen Minuten erreicht man die Gladiolenwiese. Sie ist der letzte Ort Österreichs, wo im Frühsommer noch die Illyrische Gladiole blüht. Die blassrosa Blume ist streng geschützt. Es ist ein buntes Bild, nicht nur wegen der Blüten, der sattgrünen Wiese und der steilen Dobratsch-Südwand im Hintergrund. Dazwischen vergnügen sich die unterschiedlichsten Schmetterlinge. Mehr als 1300 Arten (wohlgemerkt: nur Schmetterlinge) hat man in der Schütt bisher gezählt, wobei die auffälligen Tagfalter in der Minderheit sind. Bei den meisten handelt es sich um nachtaktive Schmetterlinge.
Im Norden wird die Schütt von dem begrenzt, was vom Dobratsch stehenblieb. Die Südwand des Villacher Hausbergs ragt hier rund 900 Meter fast senkrecht in die Höhe. Sie ist verantwortlich für eine weitere Besonderheit des Naturschutzgebietes: das mediterrane Klima. Die riesige Wand speichert durch Sonneneinstrahlung Wärme und gibt diese wieder ab. Gleichzeitig bildet sie eine für einige Tiere und Pflanzen unüberwindbare Barriere in Richtung Norden. Was von Süden kommt, „strandet" oft hier. Dazu gehören auch (kleine) Skorpione und (zum Teil giftige) Schlangen.

Kleinere Bergstürze gibt es immer wieder.

„Das Märchen vom gefährlichen Spaziergang in der Schütt, das man sich vor allem im Villacher Raum erzählt, ist und bleibt aber ein Märchen", sagt die Bergwanderführerin Barbara Müller, die oft Besucher durch das Gebiet begleitet. Die ebenso scheuen wie seltenen Tiere meiden die Wanderwege und flüchten, sobald menschliche Schritte den Boden erschüttern.
Ein beliebtes Ausflugsziel sind vor allem im Sommer die Seitenarme der Gail. Da wird fröhlich auf das Märchen von den Schlangen gepfiffen und entlang der weißen Sandstrände und vom Wasser rundgewaschenen Felsen gebadet. Weil es sich um kein öffentliches Strandbad handelt, sonnen sich einige Damen und Herren in der Schütt übrigens genauso hüllenlos wie andere schon auf der Bärenbrücke in die Wildkamera-Falle getappt sind.

**Info**

Führungen durch die Schütt werden regelmäßig vom Naturpark Dobratsch veranstaltet. Informationen unter: *www.naturparkdobratsch.at*
Die Dimension der Dobratsch-Bergstürze sieht man am besten bei einem Besuch der frei zugänglichen Aussichtsplattform Rote Wand. Sie befindet sich bei Parkplatz 6, gleich neben der 16,5 Kilometer langen mautpflichtigen Villacher Alpenstraße, die von Villach-Möltschach auf die Rosstratte (1732 m) führt. *www.villacher-alpenstrasse.at*

# 2 KÄRNTNER = 1 GESANGSVEREIN

## Ein Kärntnerlied singen, überall

14

Melancholisch oder frech, tief gläubig oder schlüpfrig erzählen sie vom Leben und Sterben: Kärntnerlieder sind vielfältig, aber immer eine Achterbahn der Gefühle.

Die Arbeit der Mägde und Knechte auf dem Acker ist mühevoll und kräfteraubend, als plötzlich eine schöne Frau vorbeikommt. Die Fremde tut Unglaubliches: Sie lächelt und singt bei der Arbeit. Bald stimmen die Arbeiter auf dem Feld mit ein. Obwohl sie weiter anpacken, ist die Mühsal nun beinah vergessen. Unter dem Klang der Lieder verschwindet die Fremde wieder. Und da wird den Menschen klar: Es war eine Salige, eine Sagengestalt aus den Bergen. Diese wilde, weise Frau hat den Kärntnern das Singen beigebracht, erzählt die Legende aus dem Maltatal.

Das Kärntnerlied hat einen Zauber, der es mittlerweile weltweit berühmt gemacht hat. Seine Botschafter sind Chöre wie der Grenzlandchor Arnoldstein, der nahezu auf jedem Kontinent der Erde Konzerte gegeben hat. „Den Reiz des Kärntnerliedes macht das Zarte, Leise und Emotionale aus. Das macht es so ergreifend", ist Hedi Preissegger, Komponistin und Chorleiterin des Grenzlandchors Arnoldstein, überzeugt. „Das ist unser Kärntner Mischmasch: das lebenslustige Romanische, das weiche Slawische. Das drückt sich auch in den Liedern aus." Ein Kärntner singt anders, sagt sie. „Die Steirer haben tolle Stimmen, laut und direkt. Wir aber singen leiser, in keinem anderen österreichischen Bundesland schwingen dabei so viele Emotionen mit. Das liegt wohl auch an den Themen: Liebe in allen Varianten, von schlüpfrig-derb über romantisch bis todtraurig." Trotzdem tut das Singen gut. „Singen hilft, frei zu werden. Die Sorgen vergehen, man geht in der Musik auf. Im Chor genauso wie privat. Sobald sich ein paar gute Ohrwaschl (Kärntnerisch für „Ohren") treffen, wird gesungen und man fühlt sich großartig", ist Preissegger überzeugt.

Als Tochter der Grande Dame des Kärntnerliedes, Gretl Komposch, wurden ihr die Leidenschaft und das Talent fürs Singen und Komponieren in die Wiege gelegt. Chorleiterinnen hatten es allerdings nicht immer leicht. Denn das „alte Kärntnerlied" wurde nur von Männerchören vorgetragen. Erst im 20. Jahrhundert kamen langsam gemischte Chöre auf. „Nach dem Krieg

Grenzlandchor Arnoldstein

Hedi Preissegger

sind die Männer heimgekehrt. Während die Frauen zu Hause das wenige, was man hatte, gekocht haben, sind die Männer in die Gasthäuser gegangen. Das billigste Vergnügen war das Singen und das haben sie noch lange Zeit für sich allein beansprucht", lässt Preissegger die Widerstände durchblicken, mit denen ihre Mutter, als sie 1947 den gemischten Grenzlandchor gründete, zu kämpfen hatte.

So kompromisslos wie diese Frauen hat sich jedenfalls kaum jemand dem Kärntnerlied gewidmet. „Erst das Singen, dann die Familie", war das Motto von Preisseggers Kindheit. Jeden Kärntner haben die Volksweisen geprägt, wenn auch vielleicht nicht so intensiv wie sie. Zweifel kann ein einfacher Test ausräumen: Fragen Sie einen x-beliebigen Kärntner, ob er für Sie „In da Mölltalleitn" (Karl Josef Zill), „Verlassn bin i" (Thomas Koschat) oder „Is schon still uman See" (Günther Mittergradenegger) anstimmen möchte. Er tut's! Die Chancen, dass Sie auf ein Chormitglied treffen, stehen gut: Allein der Kärntner Sängerbund vereint 362 Chöre - die „Dunkelziffer" ist weit höher. Nicht umsonst heißt es: „Ein Kärntner - ein Lied, zwei Kärntner - ein Gesangsverein."

Es könnte allerdings sein, dass junge Kärntner eine andere Version der altbekannten Lieder trällern. Das Kulturgut macht nämlich gerade eine wunderbare Wandlung durch. Bands interpretieren die Lieder ihrer Väter und Mütter neu und mischen sie mit modernen Klängen wie Beatboxing und Mouthdrumming. Besonders erfolgreich ist damit die Gruppe Matakustix. „Es war ein Jux, nicht ohne Risiko. Die Leute hätten auch sagen können, wir würden die Lieder verschandeln. Aber unsere Varianten kommen gut an", sagt Bandgründer Matthias Ortner. Gemeinsam mit Christian Wrulich und Michael Kraxner zerpflückt er Kärntnerlieder in ihre Einzelteile, bearbeitet sie aus verschiedenen Blickwinkeln und setzt sie wieder neu zusammen.

Damit geben sie den traditionellen Weisen eine Art Überlebenschance. „Wir haben ein sehr junges Publikum. Einige Fans glauben sogar, wir hätten die Lieder geschrieben", sagt Ortner, der auch Musiklehrer ist. Die Schüler stehen auf seine Cross-over-Klänge. Durch den Matakustix-Mixer ist übrigens auch „Gern haben tuat guat" geschickt worden. Das Lied stammt aus der Feder von Hedi Preissegger und gehört, wie viele Kompositionen ihrer Familie, zum fixen Repertoire sangesfreudiger Kärntner. „Die Burschen machen ihre Sache wirklich gut. Mir gefällt ihre Musik und ich freue mich sehr, dass sie mein Lied sozusagen matakustixiert haben", lobt Preissegger die jungen Musiker.

Die Sänger verbindet nicht nur das generationsübergreifende Kärntnerlied. „Musik ist ein Faktor, die Strapazen des Lebens besser ertragen zu können.

Matakustix

Das erzählen die Legenden auf der ganzen Welt: von den Gospels der Sklaven auf den Plantagen in Amerika bis zur Saligen am Kärntner Acker", philosophiert Ortner. „Es ist eigentlich ganz einfach: Wir wollen mit unserer Musik verbinden und ein gutes Gefühl erzeugen." Singen kann und soll jeder Kärntner, sind Preissegger und ihr junger Kollege überzeugt. „Dazu braucht man nur ein bisserl Übung und ein halbwegs gutes Gehör", sagt Musiklehrer Ortner und fügt hinzu: „Oder ein paar Bier. Danach kann wirklich jeder singen!"



Info

Über Tonträger und Auftritte informieren beide Gruppen im Internet.
Kärntner Grenzlandchor: *www.grenzlandchor.at*
Matakustix: *www.matakustix.com*

# MAHNMAL FÜR DEN FRIEDEN

## Bunkermuseum, Wurzenpass

15

Das Bunkermuseum vermittelt Zeitgeschichte hautnah. Die Anlage in 1000 Meter Seehöhe war bis zu ihrer „Privatisierung" ein streng gehütetes Geheimnis des Bundesheeres.

„Unsere Kreuze waren schon geschnitzt." Er sagt das mit ernster Stimme immer und immer wieder, oft mehrmals pro Stunde. Wer das Bunkermuseum auf dem Wurzenpass besucht, wird meist von Andreas Scherer höchstpersönlich instruiert. Und spätestens wenn der Satz mit den Kreuzen fällt, ist klar: Mit kindischen oder gar verherrlichenden Kriegsspielen haben diese Mauern und Gräben nichts zu tun. Scherer erhält sie als Mahnmal für den Frieden, als erhobenen Zeigefinger gegen Gewalt. Wenn er von Kreuzen spricht, meint er Grabkreuze. Und der ganze Satz heißt im Klartext: Im Ernstfall wäre die Überlebenschance der hier eingesetzten Soldaten äußerst gering gewesen.

Scherer war der letzte Kommandant der Einrichtung, deren Existenz bis 2002 offiziell strengstmöglicher Geheimhaltung unterlag. Die „Sperrstellung Wurzen" hatte hier, knapp zwei Kilometer Luftlinie von der heutigen slowenischen Grenze entfernt, nur einen Zweck: Sie sollte fremde Truppen bei einem Einmarsch aus dem ehemaligen Jugoslawien nach Österreich beziehungsweise bei einem Durchmarsch nach Italien möglichst lange aufhalten. Im Kalten Krieg wurde die 1963 errichtete Bunkeranlage laufend zur zuletzt größten ihrer Art in Österreich ausgebaut, bis sie der Fall des Eisernen Vorhangs und das Zusammenwachsen Europas zum Glück überflüssig gemacht haben.

Als das Bundesheer abzog, übernahm Scherer das Areal privat und kaufte es schließlich. Mit viel Eigeninitiative und der Unterstützung eines eigens dafür gegründeten Vereins hat er aus dem 11 400 Quadratmeter großen Gelände ein österreichweit einzigartiges Freilichtmuseum gemacht, das seit seiner Eröffnung 2005 mittlerweile jährlich über 10 000 Besucher anzieht. Was wird in einem Bunkermuseum gezeigt? Zum einen die Schausammlung aller schweren (und jetzt selbstverständlich kampfunfähigen) Waffensysteme, die das Bundesheer früher in Bunker eingebaut hat. Und zum anderen natürlich die Bunker selbst. Insgesamt befinden sich in der

Relikt aus dem Kalten Krieg: das Bunkermuseum

15

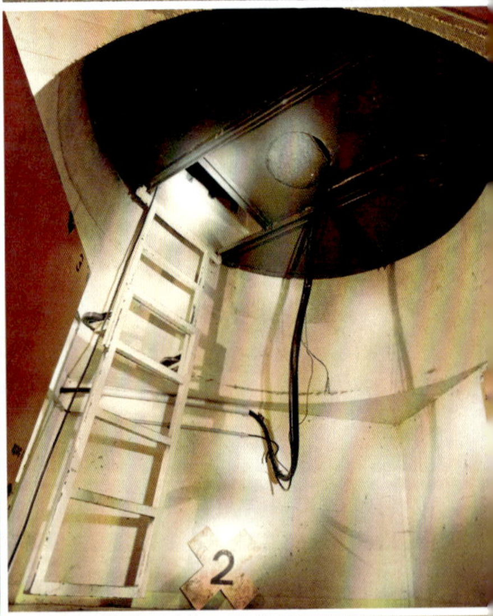

Anlage sieben davon. Sie sind durch schmale Gräben und Tunnel miteinander verbunden, die alle im Clinch mit der Natur liegen. An einigen Stellen haben die kräftigen Wurzeln der umliegenden Bäume die Betonwände schon spektakulär gesprengt, an anderen überzieht Moos die Mauern. Die Gräben sind genau so tief, dass Erwachsene, die sie passieren, höchstens mit dem Kopf aus dem Waldboden ragen. Man muss sich trotzdem keine Sorgen machen, dass man damit bei Zuschauern einen dämlichen Eindruck hinterlässt, die via Spionagesatellit in den USA, Russland oder China live dabei sind. Zum Teil machen weiterhin Dächer aus Netzen und Gittern die Gänge für Beobachter aus der Luft unsichtbar.

So geheim, wie es sich die Österreicher gewünscht hätten, ist die Sperrstellung auf dem Wurzenpass aber nie geblieben. In Kärnten allerdings dürfte das Areal weitgehend unbekannt gewesen sein, räumt Scherer ein. Im ehemaligen Jugoslawien hingegen schrieben Soldaten der damaligen Volksarmee nach dem Schwammerlklauben auf der österreichischen Seite der Grenze für ihre Vorgesetzten regelmäßig seitenlange Berichte über das, was sie da hinter dem Stacheldraht erspäht hatten. Sie konnten sich dabei relativ frei bewegen – fixe Wachmannschaft gab es in der Sperrstellung keine. Die Anlage wurde nur bei Bedarf hochgefahren, also in Krisen und bei Übungen. Ihr Betrieb oblag der rund 250 Mann starken Sperrkompanie Wurzen, die aus Reservisten beziehungsweise, wie es später hieß, Milizsoldaten bestand.

Besucher des Museums können sich heute ganz entspannt davon überzeugen, dass es die Truppe damals alles andere als bequem hatte. In den zwei Panzertürmen stand je ein Campingklo. Der Rest der Mannschaft musste sich eine Latrine teilen. Übungen fanden auch im Winter statt, manchmal lag mehr als ein Meter Schnee. Vergleichsweise sehr gut ausgestattet war man, was die medizinische Versorgung anging. Die Kompanie hatte einen eigenen Arzt, jeder Zug einen eigenen Sanitätsunteroffizier samt zusätzlicher Sanis. Der Grund dafür war ein strategischer: Weil der Wurzenpass als Flaschenhals auf dem Weg nach Villach und/oder Italien taktisch so wertvoll war, rechnete man mit einem massiven Angriff und deshalb mit zahlreichen Opfern.

„Gott sei Dank ist hier nie ein Schuss abgefeuert worden", sagt Scherer. Zumindest zwei Mal waren die Waffen jedoch geladen: 1968, als Truppen des Warschauer Paktes den Prager Frühling gewaltsam beendeten, und 1991 im Zehn-Tage-Krieg nach der Unabhängigkeitserklärung Sloweniens von Exjugoslawien. Heute sind die Nachbarn auf der anderen Seite der Grenze Kooperationspartner. Gemeinsam mit slowenischen Institutionen und

Heute ist der Panzer ein Mahnmal für den Frieden.

italienischen Vereinen gestaltet Scherer Sonderausstellungen und schnürt touristische Angebote.

Im Bunkermuseum zählt dazu neuerdings das Panzermitfahren. Wie anderswo mit einem Bus werden Besucher - auf Wunsch - mit einem ausgemusterten Schützenpanzer des Bundesheeres kutschiert. „Attraktion ist das falsche Wort dafür", stellt Scherer klar. „Es geht uns darum, den Menschen ein Gefühl dafür zu vermitteln, wie es den Soldaten damals gegangen ist und in vielen Krisenherden auf der Welt heute noch geht." Spaßfaktor null, dafür Lebensgefahr und Angst - zum Nachfühlen. Aufgelöst wird die beklemmende Erfahrung auf gut Österreichisch: Nach der Runde im Panzer gibt's Gulasch. Aus der Kanone natürlich.

**Info**

Das Museum ist von Anfang Mai bis Ende Oktober geöffnet. Vom Parkplatz an der Wurzenpass-Bundesstraße B 109 führt ein etwa 300 Meter langer und leicht ansteigender Fußweg zum Museum. Die Panzer(mit)fahrten werden nur an speziellen Tagen angeboten.
Bunkermuseum Wurzenpass, Krainberg 73, 9587 Riegersdorf,
*www.bunkermuseum.at*

# HOLPRIGE GESCHICHTE

## Römerweg, Villach-Warmbad

16

Fuhrwerke kurven auf dem Römerweg schon lange keine mehr herum. Heute schlendern Spaziergänger über die älteste noch erhaltene Schnellstraße des Landes.

Alle Wege führen nach Rom. Diese Redewendung dürfte den Überlieferungen nach einen politischen Ursprung haben. Rom war jahrhundertelang *das* Machtzentrum Europas, zuerst als Hauptstadt des Imperium Romanum und dann als Sitz des Papstes. Sogar Könige hatten für wichtige Angelegenheiten nach Rom zu pilgern.

Man kann den Satz aber auch verkehrstechnisch deuten. Ausgehend von Rom wurde vor mehr als 2000 Jahren erstmals eine Art europäisches Fernstraßennetz angelegt. Es war der Grundstein für die Weltmacht, zu der die Römer der Antike aufstiegen. Die Verbindungen dienten der schnellen Verschiebung von Truppen, dem Sichern des Nachschubs und natürlich dem Aufschwung des Handels. Weil Straßen nicht so schnell verschwinden wie Herrscher, blieb das in seinen Ursprüngen von den Römern angelegte Netz über Jahrhunderte bestehen. Zum Teil wurden die Trassen immer wieder geflickt und befinden sich heute an manchen Orten unter dem Asphalt aktueller Verkehrswege.

Dem sogenannten Römerweg im Villacher Stadtteil Warmbad ist dieses Schicksal erspart geblieben. Dort kann man noch immer über eine im Kern vermutlich antike Gleisstraße spazieren. Die Überreste sind österreichweit einzigartig und zeugen deutlich von den Strapazen, mit denen das Reisen anno dazumal verbunden war. Der Abschnitt bei Warmbad war wegen des felsigen Untergrunds wahrscheinlich ein besonderer Höhepunkt auf der nach oben hin offenen Holprigkeitsskala. Das Leid von einst ist die Freud von heut: Durch die Bodenbeschaffenheit ist die Straße an mehreren Stellen erhalten geblieben.

Die Gleise – zwei teilweise bis zu 20 Zentimeter tiefe, parallel verlaufende Rillen – wurden von Menschenhand in den Stein gehauen. Sie hielten die Wagen in der Spur. Wo Felsbrocken in den Weg ragten und nicht zur Seite geschafft werden konnten, hat man diese ebenfalls „weggearbeitet". An steileren Stellen der Strecke gibt es zwischen den Gleisen im rechten

16

Spurensuche am Römerweg in Warmbad

Winkel dazu und im Abstand von 30 bis 50 Zentimetern zusätzliche Vertiefungen, die wie Stufen ausstehen. „Sie sollten den Tieren, von denen die Fuhrwerke gezogen wurden, Halt bieten", erklärt Harald Krainer, der Obmann des Vereins „Historisches Warmbad".

Nach Regenfällen ist der Weg über die Felsen eine Rutschpartie. Aufgrund der zahlreichen historischen Stolperfallen sollte man hier aber auch bei trockenem Wetter nur mit gutem Schuhwerk spazieren gehen. Zu entdecken gibt es genug. Neben der Haupttrasse sind zum Teil kleine „Umfahrungen" zu sehen. Sie waren entweder Ausweichen oder lassen den Schluss zu, dass sich der Verlauf der Straße immer wieder leicht verändert hat.

Der letzte große Ausbau dürfte Mitte des 16. Jahrhunderts erfolgt sein. „Der Bamberger Bischof Veit II. von Würtzburg und sein in Wolfsberg sitzender Vizedom Georg von Wichsenstein haben damals den ihnen unterstellten Villacher Mauteinehmer Christof della Grotta damit beauftragt, den 60 Kilometer langen Fahrweg zwischen der Draustadt und der Landesgrenze in Pontebba zu sanieren", weiß Krainer. An die Fertigstellung der Arbeiten im Jahr 1575 erinnert eine in einen Felsen im angrenzenden Federaun eingemauerte Marmortafel.

Die Verkehrsverbindung von einst ist mittlerweile Teil des Archäologiepfades, der 2015 vom Verein „Historisches Warmbad" mit Unterstützung der Grundbesitzer und der öffentlichen Hand angelegt wurde. Auf 13 Schautafeln entlang des Wanderweges wird die wechselhafte Geschichte des Villacher Stadtteils beschrieben, der heute vor allem für seine Thermen und Kureinrichtungen bekannt ist. Der Archäologiepfad spannt einen Bogen von der ersten Besiedlung der Gegend in der Bronzezeit über die älteste Kirche der Region auf dem Tscheltschnigkogel bis zur Nutzung des Geländes als militärisches Übungsgebiet im 20. Jahrhundert.

Der Römerweg ist – im Vergleich zu anderen Stellen und Funden in Warmbad – bisher kaum erforscht worden. Krainer und seine Vereinskollegen wollen das in den kommenden Jahren ändern. Es ist also gut möglich, dass die eine oder andere Schautafel noch dazukommt.

**Info**

Der Römerweg liegt am rund 6 Kilometer langen Archäologiepfad Warmbad, der beim Hotel Warmbaderhof beginnt. Die gut beschilderte Strecke ist – gutes Schuhwerk vorausgesetzt – leicht zu bewältigen.

# MEIN BIER

17

## Bierbrauen, Villach-Oberwollanig

Hopfen und Malz, Gott erhalt's! Zum Bierbrauen fehlen dann nur noch Wasser, Hefe und das notwendige Fachwissen. Das kann man sich bei einem Kurs in Kärntens kleinster Brauerei aneignen.

Bier macht nicht dick. Bier macht schlau. Vorausgesetzt, man beschäftigt sich eingehend und über das Trinken hinaus mit der im Detail nicht unkomplexen Materie. Rudolf Malle aus dem Dorf Oberwollanig hoch über Villach hat schon vor Jahrzehnten damit angefangen. Damals war er noch Werbegrafiker von Beruf und das Bierbrauen sein Hobby. Und daraus wurde schließlich Berufung. Seit 2014 ist Malle Alleineigentümer und alleiniger Mitarbeiter der kleinsten Kärntner Brauerei, Vorstand, Braumeister und Bierführer in einer Person. Zu ihm pilgern mittlerweile Kenner und Bierinteressierte aus dem ganzen Alpen-Adria-Raum.

8,5 Quadratmeter ist die Brauerei „groß". Als einst eine Beamtenschar anrückte, um bei einem Lokalaugenschein über die erforderliche Betriebsstättengenehmigung zu beraten, hieß es für die Behördenvertreter wie beim Arzt: „Bitte einzeln eintreten!" Alle sieben Damen und Herren inklusive Antragsteller hätten zwischen den Gerätschaften nie gemeinsam Platz gehabt. Das erklärt auch, warum der Malle sein Wissen ausschließlich im kleinen Kreis weitergibt. Höchstens vier Interessierte können gleichzeitig in den Genuss kommen, von ihm theoretisch und praktisch in die Kunst des Bierbrauens eingeweiht zu werden.

Eineinhalb Tage dauert so ein Kurs, bei dem natürlich auch Bier produziert wird. Und zwar so, wie es Malle immer macht: in reiner Handarbeit. Eine computergesteuerte automatische Anlage wird man in seinem kleinen Reich vergeblich suchen. In der kleinen Biermanufaktur rührt der Chef noch selbst die Maische und kocht den Hopfen. Malle nennt das „Bierbrauen mit allen Sinnen" und bringt es mit einem anschaulichen Vergleich auf den Punkt: „In großen Brauereien kann man bei Führungen zwar riesige Stahltanks bestaunen, sieht aber nicht, was im Inneren vor sich geht. Bei meinen Kursen ist das Gegenteil der Fall. Da geht es ums Sehen, ums Riechen, ums Schmecken und natürlich ums Mitarbeiten."

Rudolf Malle

Hopfenpellets

**Bier als reine Handarbeit: Rudolf Malle ist Kärntens kleinster Kleinbrauer.**

Bier wird zwischendurch ebenfalls verkostet und Malle räumt mit heiteren sprachlichen Missverständnissen auf: Ein „Sudhefn" (Kärntner Dialektbegriff für einen ständig nörgelnden Zeitgenossen) hat nichts mit einer Sudpfanne zu tun, in der Hopfen gekocht wird. „Im Gegenteil. Was wir hier tun, soll die Menschen fröhlich machen", lacht der Brauereibesitzer, der alle Höhen und Tiefen seines einstmaligen Hobbys kennt. Vor Jahrzehnten hat man ihn für seine ersten Gehversuche in Sachen Gerstensaft noch belächelt, heute gilt er als „Prophet". Denn der aus den USA nach Europa übergeschwappte Trend zu Klein- und Spezialitätenbrauereien ist längst in Kärnten angekommen und mischt den regionalen Markt auf. Neue „Mittelgroße" wie die Privatbrauerei Loncium in Kötschach-Mauthen und Wimitzbräu im – nomen est omen – Wimitztal haben sich erfolgreich etabliert. Die Platzhirschen Hirter und Villacher (mit Schleppe) Bier reagieren darauf mit sogenannten Kreativbieren.

Malle freut sich über die Vielfalt. Im Konzert der Großen kann und will er als Handarbeiter, der pro Brauvorgang maximal 120 Liter herstellt, nicht mitspielen. Zehn Sorten Malle-Bier braut er jährlich. Die beliebteste ist das nach ihm benannte „Helle Rudolph", das er als „Mittelweg zwischen

Märzen und Münchner Helles" beschreibt. Die Biere aus Kärntens kleinster Brauerei haben durchwegs weniger Kohlensäure und mehr Körper als das, was man landläufig eingeschenkt bekommt. Sie werden nicht filtriert und nicht pasteurisiert. „Früher hatte Bier noch viel weniger Kohlensäure", sagt Malle, der auch mit der „Größe" seines Unternehmens an Traditionen anknüpft. „Für die Knechte und Mägde ist bei fast jedem halbwegs bedeutenden Kärntner Bauernhof Steinbier gebraut worden. Weil man den Holzbottich mit der Maische nicht erhitzen konnte, wurden einfach so lange glühende Steine hineingeworfen, bis die Temperatur erreicht war."
Auf die Steine und den Holzbottich verzichtet Malle. Alles andere ist wie damals, sagt er. „Gutes Bier ist und bleibt ein Naturprodukt."

Info

Termine für einen Kurs in der Biermanufaktur Malle kann man individuell vereinbaren. Biermanufaktur Malle, Hochpirkachweg 3, 9500 Villach, Tel. 0660/7624040, *www.mallebier.at* (Brauerei) und *www.selbstgebrautes.at* (Kurse)
Weitere empfehlenswerte Kleinstbrauereien:
Kärntens einzige Bierbuschenschank ist jene von Familie Sorger in Pirk bei Gallizien. Jauntaler Bauernbier, Familie Sorger, Pirk 1, 9132 Gallizien, *www.jauntaler-bauernbier.at*
Ausschließlich für sein eigenes Gasthaus, das Turmbräu in Maria Gail bei Villach, braut Stefan Melcher seit 2008 ein naturtrübes „Helles" und „Dunkles". Turmbräu Melcher, Anton-Tuder-Straße 2, 9500 Villach, *www.gaestehaus-melcher.at*
Seinen Traum vom eigenen Bier hat sich 2014 Uli Bacher, Wirt der Gartenrast in Radenthein verwirklicht. Brauerei Shilling, Gartenraststraße 12, 9545 Radenthein, *www.shilling.at*

18

# IM ZENTRUM

## Der Mittelpunkt Kärntens, Arriach

Nicht jeder steht gerne im Mittelpunkt. Bei diesem hier sollte man eine Ausnahme machen - oder es überhaupt voll genießen. Inklusive Foto!

Früher wähnte man ihn in der Mitte des Dorfes, neue Vermessungen haben allerdings ergeben, dass er sich im Wald etwas oberhalb der Ortschaft befindet. Dort ist der Mittelpunkt des Bundeslandes Kärnten nicht zu übersehen: markiert - wie auf einer Schatzkarte - mit einem roten Kreuz auf einer Betonscheibe mit mehreren Metern Durchmesser. Mit der vor Ort installierten Webcam kann man sich darauf fotografieren lassen und das Bild anschließend in die ganze Welt versenden. Seht her, ich stehe im Mittelpunkt!

Einen weiteren Mittelpunkt stellt die evangelische Kirche im Ort dar. Sie ist ein von 1903 bis 1907 anstelle des alten Bethauses errichteter neugotischer Bau mit Kreuzrippengewölbe und die größte evangelische Kirche südlich der Alpen. Sie steht auch nicht zufällig in Arriach: 68,8 Prozent der Bevölkerung bekannten sich hier bei der Volkszählung 2001 zum evangelischen Glauben. Die 1300-Seelen-Gemeinde ist damit jene mit den meisten evangelischen Christen in Kärnten.

Sehenswert ist die von Johann Meier aus Kirchbach erbaute mechanische Turmuhr, die jeden Tag aufgezogen werden muss. Messner Franz Pernull ist nach telefonischer Voranmeldung gerne bereit, auf den Turm zu führen und das Meisterwerk der damaligen Technik detailreich zu erklären. Auf dem Weg zum Turm kann man auch einen Blick von oben auf das Holzgewölbe werfen. Der steile Aufstieg ist allerdings nur schwindelfreien Menschen zu empfehlen.

Arriach ist außerdem eine Zwischenstation auf dem „Weg des Buches". Dieser Pilgerweg durch Österreich folgt der Bibelschmugglerroute während des knapp 200 Jahre währenden Geheimprotestantismus im 16. und 17. Jahrhundert. Auf diesem Weg wurden die streng verbotenen Lutherbibeln ins Land gebracht. Arriach war schon damals eine evangelische Hochburg. Weil die „Reformierten" aber großen Repressalien ausgesetzt waren, übten sie ihre Religion nur im engsten privaten Kreis aus.

Die evangelische Kirche in Arriach

Das Uhrwerk im Kirchturm

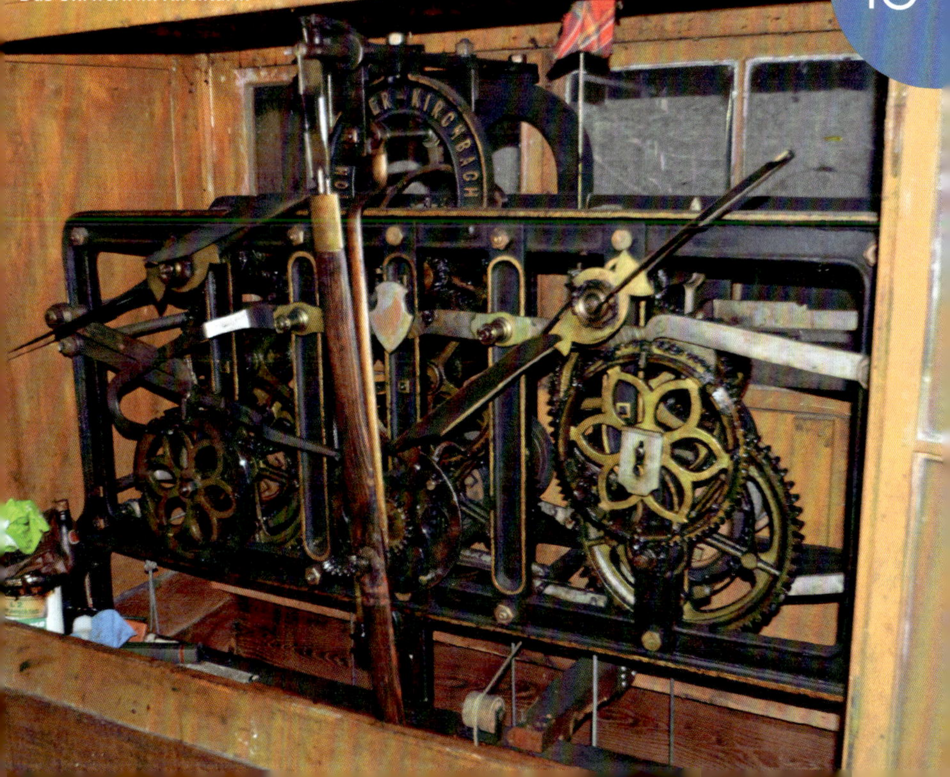

Mittelpunkt Kärntens

Das Kärntner Glaubensleben von einst ist auch Thema der 2016 neu gestalteten Dauerausstellung im Evangelischen Diözesanmuseum Fresach.

**Info**

Der Hofwanderweg führt vom Dorfplatz Arriach entlang der Bauernhöfe über Arriach, Berg ob Arriach, Laastadt, Sauboden, Unter- und Oberwöllan. Ein Begehen des gut markierten Rundwanderweges ist mit einfachem Wanderschuhwerk möglich. Infotafeln, Rast-, Spiel- und Kneippplätze, ein bäuerliches Museum und eine Jausenstation runden das Angebot ab. Etwa in der Wegmitte zweigt, gut markiert, an einem Parkplatz der Weg zum Mittelpunkt Kärntens ab.
Evangelisches Diözesanmuseum, Museumsweg 32, 9712 Fresach,
72 *www.evangelischeskulturzentrum.at*. Geöffnet von Anfang Mai bis Ende Oktober von Donnerstag bis Sonntag jeweils von 11 bis 17 Uhr.
Mehrfach ausgezeichnet und dennoch im Mittelpunkt bodenständig geblieben ist der Gasthof Alte Point. 9543 Arriach 4, *www.altepoint.at*

# DUFT DER BERGE

## Zirbenschnuppern, Turracher Höhe

19

Das Holz der Zirbe duftet auch noch Jahre, nachdem ein Stamm gefällt worden ist. Und der Zirbenschnaps gilt ohnehin als Kärntner Zaubertrank.

Im royalen Rubinrot schimmert die Flüssigkeit im Glas. Hoch die Stamperln! Mit einem „Gsund!" wird angestoßen. Und „gsund" schmeckt es auch, überraschend harzig und doch süß. Die sogenannte Königin der Alpen hat sich als Schnaps in ihrer ganzen Schönheit einen herben Kern bewahrt. Damit ist die Zirbe wohl das Symbol für die Alpen schlechthin.

Der Zirbenschnaps ist eigentlich ein aus den grün-violetten Zapfen des alpenländischen Nadelbaumes angesetzter Likör. Der herrschaftliche Baum will hoch hinaus - unter 1400 Meter Seehöhe findet man ihn kaum. Nur im Hochgebirge wächst die Zirbe satt und kräftig. Im Biosphärenpark Nockberge mit der halb kärntnerischen, halb steirischen Turracher Höhe (kurz: Turrach) als „Highlight" (1795 m) fühlt sie sich besonders wohl und gedeiht von Natur aus stressfrei. Erst nach 60 Jahren bildet der Baum die ersten Blüten. Dafür kann er bis zu 1000 Jahre alt werden und es gibt Exemplare mit einem Stammdurchmesser von zwei Metern. Im Unterschied zur Kiefer ist die Zirbe pro Büschel „fünfnadelig", während auf der Kiefer die Nadeln immer im Duo wachsen. Ihr Name leitet sich von *zirben* (Mittelhochdeutsch für „sich drehen") ab.

Die extreme Widerstandsfähigkeit, die der streng geschützte Baum im oft ungemütlichen hochalpinen Gelände zeigt, ist Stoff vieler Legenden. In zumindest einem Fall entsprechen diese wohl der Wahrheit: Die Kraft, die der Baum entwickelt, soll überaus „gsund" sein. Tatsächlich hat die Forschungsgesellschaft Joanneum Research nachgewiesen, dass sich Zirbenholz etwa im Schlafzimmer besonders positiv auf den Menschen auswirkt. Laut der Studie soll sich das menschliche Herz in einem Zirbenholzzimmer eine Stunde Arbeit pro Nacht ersparen. Gut verkaufen sich, auch weil sie etwas günstiger als ein ganzes Zimmer aus dem wertvollen Holz sind, Brotkästen aus Zirbenholz. Das Holz wirkt antibakteriell und gibt so dem Schimmel keine Chance. Außerdem duftet das Holz einer selbst vor vielen Jahren gefällten Zirbenkiefer noch lange wie frisch.

19

Streng geschützter Nadelbaum: die Zirbe

Zirbenzapfen

Woher kommt aber der intensive Geruch? „Schuld ist unter anderem der Stoff Pinosylvin. Er schützt den Baum vor Pilzen und Bakterien. Pinosylvin riecht mild und warm wie trockene Nadeln in der Herbstsonne", erklärt Kräuterpädagogin Christine Spazier. Die liebevoll „Kräuterspatz" genannte Expertin stellt neben Schnaps beziehungsweise Likör auch traditionelle Zirben-Räuchermischungen her. „Harz und Nadeln der Bäume werden traditionell für den Kärntner Waldweihrauch gesammelt und in den Raunächten, vom Thomasabend am 21. Dezember bis zum Heiligedreikönigstag am 6. Jänner, als Schutz vor den bösen Wintergeistern in Haus, Hof und Stall zum Räuchern verwendet", erzählt Spazier. „Das Räuchern wird auch in Räumen eingesetzt, in denen viel gestritten oder getrauert wurde. In Krankenzimmern sorgt es zum Beispiel für eine positive und kräftigende Atmosphäre", sagt Spazier. Die Wirkung der ätherischen Öle schätzte bereits die Äbtissin Hildegard von Bingen, wie in ihren Überlieferungen nachzulesen ist.

Aus den Nadeln und jungen Ästen wird wertvolles Zirbenöl gewonnen. Das Verfahren ist aufwendig, für einen Liter Öl braucht man 100 Kilogramm Ausgangsmaterial. In der Volksmedizin gelten Zirbenprodukte als hilfreiche Erkältungsvorbeugung, die ätherischen Öle sollen bei Asthmaleiden helfen und schleimlösend bei Husten wirken. Außerdem werden sie gegen Gelenksbeschwerden und Rheuma angewendet. Zirbenöl stärkt, so sagt man, die Konzentration, Ausdauer und das Durchhaltevermögen. Es hilft bei Schlaflosigkeit, Kopfschmerzen und mentaler Schwäche. Ein besonders gesunder Genuss soll ein Saunaaufguss mit diesem Öl sein. Wem das zu heiß ist, der kann damit seine Möbelpolitur veredeln. Den Duft verbinden viele Menschen mit dem Gefühl des Zuhauseseins, der Geborgenheit und der Vertrautheit.

Das unbeschränkte Ernten von Zirbennüssen ist jedoch nur dem Tannenhäher vorbehalten. Der mittelgroße Vogel gilt als wichtigster Verbreiter der Zirbe. Er hackt die Nüsse aus den Zirbenzapfen und transportiert bis zu siebzig Stück in seinem Kehlsack. Diese packt er in Vorratsverstecke, die auch im Winter besonders gut erreichbar sind. Ein einziger Vogel kann so Zehntausende Nüsse bevorraten. Allerdings findet er nicht immer alle wieder und so entstehen neue Zirbenbäume. Übrigens: Früher wurden die pinienähnlichen Nüsse auch von Menschen gesammelt – fein vermahlen hat man daraus Kaffee gekocht.

Laut Kärntner Naturschutzgesetz dürfen heute nur noch drei Zirbenzapfen pro Person und Tag gesammelt werden. Wird man mit mehr erwischt, setzt es empfindliche Strafen von mehr als 1000 Euro. Die Ernte ist außerdem

Zirbenholzzimmer Bergchalet Kuhgraben

mühsam und gefährlich. Immer wieder fallen selbst erfahrene Bauern von den Bäumen, wenn sie an die Zapfen gelangen wollen. Den harzig-nussigen Zirbengeschmack kann man in Kärnten vielerorts völlig gefahrlos probieren: als Schnaps zum Beispiel oder neuerdings auch als Eis. Und immer irgendwie ein bisschen „gsund".

Info

„Kräuterspatz" Christine Spazier: Wanderungen und Seminare, Waldheimstraße 59, 9523 Landskron, Tel. 0664/1291630, *www.kraeuterspatz.at*
Zirbeneis und weitere unzählige Sorten Bauernhof-Eis: Familie Hans Peter Huber, Saureggen 4, 9565 Ebene Reichenau, *www.nockberge-eis.at*

# DER SONNE ENTGEGEN

## Gerlitzen, Treffen

20

Schweben ist auf der Gerlitzen angesagt: Hinauf geht's mit der Seilbahn, hinunter - mit ein wenig Mut - als Passagier eines Tandemfluges mit dem Paragleiter. Und dazwischen lohnt sich ein Besuch im Sonnenobservatorium.

Die Gerlitzen ist das Skigebiet der Villacher. Die exponierte Lage auf 1900 Meter Seehöhe mit besonders vielen Sonnenstunden und einer bemerkenswerten Aussicht lockt seit jeher Wanderer und im Winter Skifahrer. 1928 ging hier die erste Kärntner Bergbahn in Betrieb. Die Kanzelbahn führte von Annenheim auf die Kanzelhöhe. Dort befindet sich auch das Observatorium der Universität Graz.

Es wurde im Zweiten Weltkrieg von der deutschen Luftwaffe erbaut. In den 1930er-Jahren war bekannt geworden, dass die Sonne die Ionosphäre der Erde und damit auch die Ausbreitung der Radiowellen beeinflusst. Diesen Umstand wollte man weiter erforschen. Wegen der guten Beobachtungsbedingungen und der Möglichkeit, das Observatorium ganzjährig mit der Kanzelbahn zu erreichen, entstand die größte und damals modernste Anlage auf der Kanzelhöhe, dem Vorgipfel der Gerlitzen.

Damals gab es sogar Pläne, ein ganzes „Kanzeldorf" für die Angestellten zu errichten. Außerdem begann man, auf dem Gerlitzengipfel einen weiteren Turm zu bauen. Dieser hätte einen modernen Koronografen zur Beobachtung der Atmosphäre und der inneren Korona der Sonne bekommen sollen. Das Projekt wurde jedoch nicht vollendet und das Gerät später von der sowjetischen Armee als Kriegsbeute beschlagnahmt. Die Hochspannungs- und Telefonkabel auf dem Gipfel verlegte man noch, was die spätere Entwicklung der Gerlitzen zum Tourismusgebiet wesentlich erleichterte und beschleunigte.

Nach dem Zweiten Weltkrieg wurde das Observatorium der Universität Graz „zugeteilt". Auf dem Gipfel der Gerlitzen wurde ein zweiter Turm für die Beobachtung der Sonnenkorona gebaut. Die Angestellten des Observatoriums wohnten mit ihren Familien anfangs direkt in der Messstation. Erst 1952 wurde ein Wohngebäude, die „Sonnenvilla", errichtet, die heute noch als Gästehaus fungiert. Das Observatorium wurde immer wieder

Tandemflug von der Gerlitzen

20

modernisiert und ausgebaut und ist eines der wichtigsten Laboratorien des Instituts für Geophysik, Astrophysik und Meteorologie der Universität Graz. Besucher können im Schauraum eine Menge interessanter und wissenswerter Dinge über die Sonne und das Observatorium erfahren und spezielle astronomische Ereignisse beobachten.

Die Lage der Gerlitzen über dem Ossiacher See bringt auch eine spezielle Thermik mit sich. Das nutzen vor allem Paragleiter, die immer wieder Wanderer mit ihren halsbrecherischen Kunststücken erschrecken oder - je nach Gemütslage - verzücken. Aber auch Anfänger und Tandemflieger, also mehr oder weniger ungeübte Passagiere, nutzen die idealen Bedingungen gerne. Aufgrund seiner sanften Hänge eignet sich der Berg gut zu einem einfachen Start, nach wenigen Schritten hebt man ab und gleitet gemächlich ins Tal. Das Gefühl ist einmalig, ebenso wie die Aussicht.

Sobald man einige Minuten in Richtung Süden geflogen ist, eröffnet sich der Blick auf den einst von Gletschern geformten Ossiacher See mit dem beeindruckenden Stift Ossiach am Südufer. Südlich des Sees erstrecken sich die Ossiacher Tauern, ein stark bewaldetes Wandergebiet mit der Ruine Landskron an ihrem Westende, dahinter taucht der Wörthersee auf. Die Karawanken im Süden und die Julischen Alpen sind ständige Begleiter, ebenso der Blick auf Villach und den Dobratsch. Wie die Landschaft einer Modelleisenbahn sieht die Welt da unten aus, bevor sie langsam näher kommt. Nach etwa 20 Minuten heißt es: „Fertig machen zur Landung!" Für den Passagier bedeutet das aber nur, die Beine anzuziehen. Der Rest wird vom Piloten erledigt. Mit wackeligen Schritten, aber schwer beeindruckt, verlassen die meisten „Premierengäste" den Landeplatz.

**Info**

Zum Sonnenobservatorium kommt man entweder über die Mautstraße ab Treffen oder mit der Kanzelbahn. Von der Mittelstation der Kanzelbahn gelangt man nach einem Spaziergang von circa 10 Minuten zum Observatorium. Kanzelhöhe 19, 9521 Treffen am Ossiacher See, *www.kso.ac.at*

Kärntner Flugschule, St. Andräer Straße 125, 9520 Annenheim, *www.kaerntner-flugschulen.at*

Fly4you, Erich Plieschounig, Am Hang 2, 9520 Annenheim, *www.fly4you.at*

Flugtaxi Helmut Staber, *www.tandemfliegen.at*

# VERTIKALES VERGNÜGEN

21

## Klettergarten Kanzianiberg, Finkenstein

Anfänger schätzen die geschichtsträchtigen Felsen ebenso wie Profis: Der Klettergarten Kanzianiberg ist der älteste Kärntens und einmal im Jahr garantiert auch der bunteste.

Schau gut aus! Sei cool! Sicherheit geht vor! Diese drei eisernen Regeln sind die Dreifaltigkeit des Sportkletterns. Der Kanzianiberg – unter Kennern liebevoll „Kanzi" genannt – wird jeder einzelnen gerecht. Zugegeben, das machen auch die Akteure der hiesigen Kletterszene, wobei böse Zungen behaupten, dass sich die Attraktivität exponentiell zu Höhe und Schwierigkeitsgrad der Kletterroute verhält.
Aber jeder fängt einmal klein beziehungsweise beim Klettern eben unten an. Am Kanzi haben schon viele angefangen – vom Muglkraxler bis zum weltweit bewunderten Kletterprofi, der Klettergarten in Finkenstein über dem Faaker See hat sie alle in seinen Bann gezogen und fest im Griff. Das Gebiet selbst wurde für den Sport in den 1970er-Jahren erschlossen. Der Kanzi war der erste Klettergarten Kärntens und gilt als schönstes Klettergebiet im gesamten deutschsprachigen Raum. Schon 1979 gab es 32 Kletterrouten, 6 gesicherte Klettersteige und eine Menge – der damaligen Mode entsprechend – bunt angezogener Fans.
Diesen Zeiten wird heute jedes Jahr im Mai gehuldigt. Das Kletterfestival „King of Kanzi" ist nicht nur ein sportlicher Bewerb, bei dem sich internationale Profis ebenso wie der talentierte Nachwuchs hervortun. Angetreten wird in den heute als schrecklich gemustert empfundenen Outfits der 1980er-Jahre inklusive Dauerwelle und überquellendem Brusthaar. Abseits der Gaude werden wertvolle Informationen ausgetauscht. Profis der Kletterszene aus der ganzen Welt geben während des Festivals auch Workshops, die stets gut besucht sind. Es besteht kein Zweifel daran: Der Kanzianiberg ist mit seinen mittlerweile 300 Kletterrouten in den Schwierigkeitsgraden 3 bis 10 und zahlreichen Klettersteigen für familienfreundliche und gemütlichere Touren längst zum Mekka für alle Bergsportbegeisterten geworden. Der Kanzi besteht aus drei eigenständigen, bis zu 70 Meter hohen Felsstöcken aus Kalkkonglomerat. Noch dazu in perfekter Lage, denn die Sonne heizt die Felsen auch im Winter auf. So sind sie bald schneefrei, die

Klettersaison dauert deshalb meist von Februar bis November. Vor allem im Winter macht es Spaß, den leicht bekleideten Kletterern zuzusehen, während man selbst und vor allem der Sicherungspartner auf dem Boden in dicke Daunenjacken verpackt ist. Im Sommer wiederum bieten die gut durchlüfteten und schattigen Schluchten angenehme Temperaturen – trotz Hitze. Für den Kanzianiberg muss man jedenfalls kein Kletterprofi sein. Die zahlreichen Klettersteige bieten spannende Rundwege durch Felsspalten, Risse, steile Wände und für den besonderen Nervenkitzel eine Stahlseilbrücke zwischen den beiden Felstürmen großer und kleiner Prasvale. Auch für Wanderer hat der Kanzianiberg kleine, aber feine Routen parat. Während im Westen die hohen und schroffen Felswände in den Himmel ragen, steigt die Ostseite sanft und bewaldet auf. Von hier stammen die ältesten Funde einer Siedlung im Villacher Raum. In einer Höhle auf dem Kanzianiberg hat man Steinbeile, Pfeilspitzen, Schaber und Klingen aus Feuerstein aus der späten Jungsteinzeit (3500–1800 v. Chr.) gefunden. Besonders faszinierte die Archäologen ein Tonstempel mit geometrischen Mustern und Löffel aus gebranntem Ton. Sie zeugen laut Experten vom Beginn der Metallverarbeitung, da sie zum Gießen von Kupfer verwendet wurden.
1926 wurde auf dem Kanzianiberg ein weiterer sensationeller Fund gemacht: ein urnenartiges Steinbehältnis aus dem 5. Jahrhundert n. Chr. Im Inneren befanden sich Reste eines Elfenbeinkästchens, in dem Reliquien eines Heiligen aufbewahrt wurden. Zwar lassen sich an der Stelle keine frühchristlichen Kirchenbauten nachweisen, aber durch die Besiedlungstradition wird eine solche angenommen. Wie alt die kleine Kirche auf dem Kanzianiberg ist, weiß auch keiner. Vor 700 Jahren wurde sie in einer Urkunde erwähnt. Sie ist aber mit ziemlicher Sicherheit älter und war die Eigenkirche der Herren von Finkenstein, die weiter oben auf dem Berg residierten. Ihre Burg wurde erstmals 1142 erwähnt. Nach dem Aussterben der Finkensteiner ging sie in den Besitz der Herzöge von Kärnten und später an Siegmund von Dietrichstein über. Seit Ende des 18. Jahrhunderts wird sie nicht mehr bewohnt.
In den 1970er-Jahren übernahm Gerhard Satran die Burg Finkenstein. Er revitalisierte die alten Gemäuer und hauchte ihnen wieder Leben ein. Stars verschiedener Genres erklimmen heute noch den Burgberg, um in der Finkensteiner Burgarena an die legendären Konzerte von Falco, José Carreras, Plácido Domingo oder Elina Garanca anzuschließen. Aber auch wenn man keine Karten bekommt: Der Sonnenuntergang auf der Burgruine Finkenstein mit Blick auf den Faaker See ist nicht nur gratis zu genießen, sondern auch unbezahlbar.

## Info

Zwei Alpinschulen bieten regelmäßig Kurse im Klettergarten an.
**Alpinschule high life,** Wiener Gasse 10, 9020 Klagenfurt, *www.highlife.co.at*
**Alpinschule 4 Jahreszeiten,** Meister-Erhard-Allee 18, 9500 Villach, *www.bergbewegt.at*
Die Burgruine mit der **Burgarena Finkenstein** erreicht man, wenn man der Zufahrtstraße zum Klettergarten circa 3 Kilometer weiter folgt. Burgruine Finkenstein, Altfinkenstein 14, 9582 Latschach, *www.burgarena.at*

# 22 CANAL GRANDE AUF KÄRNTNERISCH

## Schilfkanal, Faak am See

Kleine Wasserstraße, großes Staunen: Im Schilfkanal zwischen Faaker Dorfteich und Faaker See ist der Weg das Ziel. Man paddelt durch einen kleinen Garten Eden voller Seerosen, Fische, Vögel und Libellen.

„Fahren wir zum See!" In Kärnten fällt dieser Satz in den Sommermonaten oft. Meist nicht so schön hochdeutsch, sondern mit dem überbetonten Kärntner A, das als O daherkommt, und mit dem vielfältig einsetzbaren „ma". Die Aufforderung „Fohr ma zum See!" impliziert die Benutzung eines Fortbewegungsmittels, bevorzugt die von Auto oder Fahrrad. Bis auf das mit den städtischen Bussen recht gut erreichbare Strandbad von Klagenfurt am Wörthersee sind die schönen Plätze an den Kärntner Seen leider kaum mit öffentlichen Verkehrsmitteln erreichbar.

Eine ganz andere Bedeutung hat „Fohr ma zum See!" allerdings, wenn es um den Kärntner Canal Grande geht. Der Seebach, wie er offiziell heißt, verbindet den Dorfteich von Faak mit dem Faaker See und ist ausschließlich mit Paddelbooten und ähnlich schmalen, unmotorisierten schwimmenden Untersätzen befahrbar. Der rund einen Kilometer lange Wasserweg mit seinen vielen Kurven und Buchten ist ein kleines Paradies: Am venezianischen Canal Grande haben Baumeister Kunstwerke geschaffen – hier, an der kärntnerischen Version, war es die Natur.

Eine zumindest teilweise Anfahrt mit dem Auto (irgendwie muss das Paddelboot ja nach Faak) bleibt einem aber auch in diesem Fall nicht erspart. Dafür ist der unmittelbar neben dem Campingplatz Poglitsch gelegene Dorfteich frei zugänglich und wie geschaffen für den Start eines Ausflugs dieser Art. Ins Wasser geht's über eine Art Stufe – sogar ungeübte Paddler gelangen, wenn sie sich nicht ganz patschert anstellen, trockenen Fußes ins Boot. Die Abzweigung in den Schilfkanal ist nicht zu übersehen. Ein paar Ruderschläge, und schon treibt man durch den kleinen Garten Eden, den das dichte Schilf wie eine Mauer von der hektischen Welt draußen abschirmt.

Die Wasserstraße ist der Abfluss des 2,2 Quadratkilometer großen Faaker Sees. Man paddelt also auf dem Hinweg gegen die meist schwache und deshalb kaum spürbare Strömung. Manövrierkenntnisse sind von Vorteil,

Elektro- und Motorboote müssen draußen bleiben.

der Kanal ist an vielen Stellen nur knapp zwei Meter breit beziehungsweise eng. Es geht dementsprechend langsam voran. Und das ist gut so, weil es allerlei zu sehen gibt: Im Schilf nisten Vögel. Zwischen den bunten Wasserpflanzen tummeln sich Fische. Über den Seerosen tanzen Libellen durch die Luft, die uns „Stammgäste" im Abfluss immer wieder aufs Neue faszinieren: Wer ganz genau hinsieht, kann die Insekten dabei beobachten, wie sie mit spektakulären Flugmanövern und Geschwindigkeiten von bis zu 50 km/h kleinere Tiere jagen.

Wenn sich eine Libelle einmal ins Boot verirrt, ist das kein Grund zur Panik. Entgegen anderslautenden und weitverbreiteten Gerüchten besitzen sie weder einen Stachel noch beißen sie. Vor 250 Millionen Jahren hätte das – zumindest von der optischen Bedrohung her – allerdings anders ausgeschaut. Damals hatten die heute so zerbrechlich wirkenden Wesen noch Flügelspannweiten von bis zu 75 Zentimetern! Das erklärt möglicherweise den zauberhaften Namen, den Libellen auf Englisch haben: Dragonfly, also „Drachenfliege". Ein wertvoller Hinweis, sollten Sie im Schilfkanal einmal einem Urlauber aus Großbritannien oder den USA über den Weg paddeln und in ein Gespräch verwickelt werden.

Zu den Details im Kleinen gesellt sich an einigen Stellen des Kanals eine atemberaubende Aussicht. Im Südosten erhebt sich über dem Schilf der majestätische 2145 Meter hohe Mittagskogel. Der Berg mit dem Aussehen einer im oberen Drittel gekappten Pyramide ist, mit dem Faaker See im Vordergrund, wohl eines der beliebtesten Fotomotive des Landes. Als Postkarte (oder mittlerweile Neudeutsch: Posting) dürfte das Duo schon millionenfach um die Welt gegangen sein. Einen besonderen Blickfang stellt dabei das türkise Wasser des Sees dar. Es ist, wie aufmerksame Befahrer des Kärntner Canal Grande sofort erkennen, kein Werk listiger Grafiker, sondern eine glasklare Tatsache.

Die außergewöhnliche Farbe, die dem südlichsten See Österreichs karibisches Flair verleiht, geht auf das Konto eines Zuflusses: Der Bach Worounitza bringt vom Mittagskogel feinste Kalkpartikel mit, die lange im Wasser schweben und das Licht türkisblau reflektieren. Das lädt an heißen Tagen noch mehr zum Baden ein, wofür der enge Kanal allerdings nicht geeignet ist. Wegen der scharfen Schilfhalme sollte man den Sprung ins kühle (beziehungsweise im Hochsommer bis zu 26 Grad warme) Nass erst wagen, wenn das Boot den offenen See erreicht hat.



Vom Ende des Kanals sind es noch rund 500 Meter bis zur großteils bewaldeten Insel. Sie befindet sich – wie der gesamte Faaker See – in Besitz der Familien Catasta und Bucher, die in Wien, Niederösterreich und Graz

leben. Anlegen (mit dem Boot, nicht mit den Besitzern) wird geduldet. Im Café und Restaurant des Vier-Sterne-Inselhotels, es ist übrigens das einzige bewohnte Gebäude auf dem kleinen Eiland, werden auch Gäste bewirtet, die nicht mit dem hauseigenen Bootstaxi von Faak angereist sind. Wer sich dafür zu underdressed fühlt, sollte dennoch, vom Schilfkanal aus rechts, ein paar Meter um die Insel paddeln. Belohnt wird man mit einem Blick auf das markante denkmalgeschützte Badehaus aus Holz, das 1929 errichtet wurde.

Am ruhigsten und deshalb am schönsten ist eine Tour durch den Schilfkanal im Frühling oder im Herbst. Im Sommer herrscht mehr Verkehr, außerdem sind dann Parkplätze am Dorfteich meist Mangelware. Meiden sollte man die Tage rund um das im Spätsommer stattfindende Harley-Davidson-Treffen, wenn das Knattern der Motorräder über den ganzen See hallt.

**Info**

Ausgangspunkt für die Tour durch den Schilfkanal ist der an der Bachstraße gelegene Dorfteich in Faak am See. Bitte beachten Sie, dass die Route durch ein Landschaftsschutzgebiet führt!

# 23 WIE DAS AMEN IM GEBET

## Die Kärntner Nudel

Die kulinarische Seite Kärntens mag zwar vielfältig sein, aber ein Gericht auf der Speisekarte ist so etwas wie die Visitenkarte des Landes.

Die „Kärntner Nudel" ist ein Heiligtum. Sie ist keine Nationalspeise oder Leibspeise, kein typisches Gericht und kein Rezept. Sie ist etwas Mystisches, Unbegreifliches, geradezu Überirdisches. Werden bekannte oder berühmte Exilkärntner - derer es rund um den Globus doch einige gibt, etwa Top-Hotelmanager, Künstler oder CEOs von Weltkonzernen - in Interviews dazu befragt, was ihnen am meisten fehlt, wenn sie an ihre Heimat denken, kommt wie aus der Pistole geschossen die Antwort: Kärntner Nudeln von der Oma. Wie das Amen im Gebet. Für Nichtkärntner vielleicht nie zu verstehen, für Kärntner ganz selbstverständlich.

Was macht nun die Kärntner Nudel aus? Wagen wir uns an eine Erklärung: Diese Nudel ist ja an sich keine Nudel, hat also keine längliche, dünne Form, sondern es handelt sich um ausgerollten Nudelteig, der gefüllt und ausgestochen oder ausgeradelt wird. Angeblich ähneln die Nudeln damit eher Krapfenartigem, weshalb sie etwa im Slowenischen *krapi* heißen, die kärntnerischen folglich *koroški krapi*. Das mit den Krapfen soll aus einer Zeit stammen, in der alles, was haken- oder krallenförmig und, später, rund und bauchig und aus Teig war, als Krapfen bezeichnet wurde. Heute noch werden in mehreren Landstrichen, auch außerhalb Kärntens, gefüllte Nudeln als Krapfen bezeichnet. Nur zum Beispiel: Schlickkrapfen im Gailtal, Schlutzkrapfen in Tirol. Erste Aufzeichnungen zu den Kärntner Nudeln entstammen einem Speiseplan der Grafen von Porcia in Spittal an der Drau aus dem Jahr 1753. Allerdings: Die Kärntner Nudeln sollen damals ein Armeleuteessen gewesen sein.

Verwandte der Kärntner Nudeln gibt es weltweit unzählige - in der italienischen Nachbarschaft die Ravioli, in der slowenischen die Žlikrofi, außerdem die asiatischen Momos und Wan-Tan, die deutschen Maultaschen, die polnischen Piroggen etc. etc.

Die Kärntner Nudeln selbst in ihrer klassischen Form finden sich in fast ebenso vielen Varianten wieder wie es Küchen gibt in Kärnten. So herrschen

rendeln will gelernt sein.

Kärntner Nudeln klassisch.
Auch Kasnudeln genannt.

23

Nudelvariationen

seit jeher Glaubenskriege um die „wahre" Kärntner Nudel – zum einen was ihr Äußeres betrifft: Hat sie eher flach und rund zu sein oder vielmehr dick und faustgroß? Und zum anderen wegen ihres Inneren: Schwört man auf die Fülle mit Bröseltopfen und Erdäpfeln oder auf jene mit Bröseltopfen und Semmeln? Und welche Kräuter werden unter die Fülle gemischt? Schnittlauch und Petersilie? Oder, ganz puristisch, die Pflichtkräuter Kerbel, der hierzulande Keferfil heißt, und Braune Minze, die *Mentha gracilis,* die weniger Menthol als andere Minzen enthält, etwas süßlicher schmeckt und meist braune Stängel hat?
Einer der leidenschaftlichsten Botschafter der regionalen Küchentradition, Willi Tschemernjak, langjähriger Küchenchef des Gasthofs Tschebull am Faaker See, verrät in seinen wegweisenden Kochbüchern zur Kärntner Küche unter anderem die Standards der Kärntner Nudeln: „Der Original-Kasnudelteig wird ohne Ei zubereitet. Dieser ergibt einen dickeren Teigmantel. Wer lieber einen dünneren Teig hat, gibt ein Ei dazu." Außerdem: Echte Kasnudeln müssen gekrendelt werden. Dafür werden die Teigränder zwischen den Fingern so zusammengedrückt, dass sie zackenartig abdichten." Ein ornamentartiges Muster soll entstehen ... Alles klar? Wenn's nur so einfach wäre! Daher war das Kriterium für eine heiratsfähige Frau in Kärnten dereinst, dass sie das Küchenhandwerk beherrschte: „A Dirndl, dås nit krendeln kån, kriegt kan Månn."
Diese Fähigkeiten könnten in Zeiten von „schnell mal essen" mehr und mehr in Vergessenheit geraten, denn die zeitaufwendige Zubereitung der Kärntner Nudeln ist im modernen Alltag nicht so mehr leicht möglich wie früher bei Oma. Um die Tradition zu wahren, gibt es landauf, landab immer wieder Krendelkurse, sogar für Hochzeitspaare. Und wie es sich gehört, wird die Kasnudel mit einem eigenen Fest gewürdigt: Alljährlich findet in Oberdrauburg am ersten Wochenende im August ein „Kärntnernudelfest" statt, zu dem mit Begeisterung auch zahlreiche italienische Gäste anreisen. Darüber hinaus, und ganz im Gegentrend zur Globalisierung, schossen in den vergangenen Jahren professionelle Nudelhersteller wie die Schwammerln aus dem Boden. Handgemacht oder maschinengefertigt, frisch oder tiefgekühlt, gefüllt mit allerlei, was die Saison gerade hergibt, werden die Nudeln angeboten – neben dem traditionellen Inhalt reicht die Vielfalt von Bärlauch bis Pilze, von Spargel bis Kürbis, von Wild bis Kletzen (ein weiteres Kärntner Heiligtum, nur süß), umhüllt von klassischem Teig aus Weizenmehl oder, modernen Ernährungstrends folgend, auch aus Vollkorn- und Dinkelmehl. Und neuerdings gibt es die Nudeln sogar „vegan". Nicht ganz so ernährungsbewusst, dafür umso schmackhafter, ist jedenfalls

Oberdrauburger Kärntnernudelfest

das, was für eine Kärntner Kasnudel normalerweise die Krönungszeremonie darstellt: Hat man sie in leicht wallendem Salzwasser circa 10 bis 12 Minuten lang ziehen lassen, wird sie in reichlich flüssiger (eigentlich gebräunter!) Butter schwimmend oder mit knusprigen Grammeln bestreut serviert. Und sollte wider Erwarten etwas übrig bleiben, freuen sich alle auf den nächsten Tag, denn da wird sie knusprig „angepranschelt". Und dann ist man dem kulinarischen Kärntner Himmel auf Erden noch ein Stück näher gekommen ...

Info

Der Tschebull, Familie Tschemernjak, Egger Seeuferstraße 26, 9580 Egg am Faaker See, Tel. 04254/2191, *www.tschebull.cc*
Öffnungszeiten können saisonal variieren, daher am besten vorher telefonisch nachfragen.
Oberdrauburger Kärntnernudelfest, 9781 Oberdrauburg, *www.kaerntnernudel.at*

# ERFRISCHENDER BUSSGANG

24

## Schluchtweg, Ossiach

Ganz schön steil schlängelt sich der 1,5 Kilometer lange Wanderweg von Alt-Ossiach durch den Rappitschgraben 400 Höhenmeter hinauf zum Tauernteich. Ein kleines Abenteuer, das mit einer atemberaubenden Aussicht auf einen Ort mit einer spannenden Legende belohnt wird.

Aller Anfang ist schwer. In diesem Fall noch ein bisschen mehr. Denn der Beginn des Schluchtweges ist nicht leicht zu finden. Einen Einheimischen danach zu fragen, kann Auswärtige rasch zur Verzweiflung bringen. Die hierzulande beliebten Richtungsangaben „aufe" (hinauf oder geradeaus), „obe" (hinunter oder geradeaus) und „ume" (wahlweise links oder rechts) sind bekannt dafür, dass sie lange Irrfahrten auslösen können, gegen die Homers Odyssee ein Spaziergang war. Deshalb vorweg und möglichst konkret: Der Schluchtweg beginnt an der Ossiachersee-Süduferstraße in Rappitsch, von Villach kommend, gleich rechts nach dem Ortsschild „Alt-Ossiach".

Der Steig führt recht rasch steil bergauf. So mancher Wanderer hat am Schluchtweg schon für die eine oder andere kulinarische Sünde gebüßt. Das passt. Denn das Büßen gehört in dieser Gegend – der Legende nach – zum guten Ton. Im Jahr 1082 soll ein Pilger an der Pforte von Stift Ossiach erschienen sein. Er fuchtelte wild vor den skeptischen Mönchen mit den Händen, bis diese endlich daraus schlossen, dass der Zerlumpte wohl stumm sei und ein Nachtlager benötige. Abt Teuzo gewährte dem Fremden Einlass. Am nächsten Tag machte der Stumme den Brüdern klar, dass er gerne in ihr Kloster eintreten würde. Die Mönche blieben argwöhnisch, nahmen den Mann aber auf. Sie wiesen ihm nur die niedrigsten Küchendienste zu. Diese erledigte er mit Demut acht Jahre lang, bis er schwer erkrankte.

Auf dem Totenbett beichtete der bescheidene Bruder, der gar nicht stumm war, sondern nur geschwiegen hatte, sein finsteres Geheimnis: Er outete sich, wie man heute sagen würde, als Bolesław II., „von Beruf" grausamer König von Polen auf der Flucht. Als Herrscher hatte er einst den beliebten Bischof Stanislaus von Krakau des Verrats bezichtigt und ihn in der Kirche beim Lesen der Messe getötet. Eine Tat, die ihm weder sein Volk noch der Rest der Welt verziehen hatte. Papst Gregor VII. verbannte König Bolesław

24

und erlegte ihm als Buße auf, so weit zu gehen, bis er an einen Fluss gelange, der aufwärts fließt. Als der Pole an den Seebach, den Abfluss des Ossiacher Sees, kam, wähnte er sich am Ziel. Schuld daran könnten die legendären Kärntner Richtungsangaben gewesen sein: Bolesław hörte wohl einen Einheimischen davon sprechen, dass der Seebach in die Drau „aufe" floss.

Das angebliche Grab des „stummen Büßers", dem der Abt am Ende die Absolution erteilt haben soll, befindet sich im nördlichen Seitenschiff der Kirche in Ossiach. An der Außenmauer des Gotteshauses erinnern mehrere Darstellungen an die Legende. Die wahrscheinlich älteste trägt den Schriftzug „Rex Boleslaus Poloniae occisor sancti Stanislai Episcopi Cracoviensis" (Bolesław, König von Polen, Mörder des heiligen Stanislaus, des Bischofs von Krakau). Historisch belegt sind der Aufenthalt und der Tod des Königs in Ossiach nicht. Im Gegenteil, der echte und tatsächlich wegen verschiedener Bösartigkeiten aus Polen vertriebene Bolesław dürfte schon 1081, also ein Jahr vor seinem überlieferten Klopfen an die Stiftstür von Ossiach, im politischen Exil in Ungarn gestorben sein.

Zurück zum Büßen in der Gegenwart: Wer den Schluchtweg im Sommer bezwingen möchte, sollte möglichst früh starten, noch bevor die Mittagssonne direkt in den Graben scheint. Gutes Schuhwerk ist Pflicht, Wanderstöcke können beim mindestens eineinhalbstündigen Aufstieg zusätzlich gute Dienste leisten. Der Steig, der in mühevoller Arbeit von vielen Helfern mit zahlreichen Brücken, Geländern und Leitern versehen wurde, verläuft in unmittelbarer Nähe des Baches und kann deshalb ordentlich rutschig sein. Das feuchte Klima lockt aber auch seltene Tiere wie den geschützten Feuersalamander an.

Nach dem steilen unteren Teil des Schluchtweges wird die Tour gemütlicher. Ab der Waldbauernstraße steigt die Strecke nur noch sanft an, man quetscht sich durch den „Felsschlupf" oder bewältigt die „Indianerleiter", eine Stahlkonstruktion über einen Felsvorsprung. Durch den Buchenwald geht es bis zum Ausstieg am idyllischen Tauernteich. Hier laden zahlreiche Bankerln zum Ausrasten ein. Nur wenige Hundert Meter entfernt liegt das Gut Ossiach mit der bemerkenswerten Thomaskirche. Sie ist mittlerweile allerdings dem heiligen Antonius geweiht, der bei Anrufung helfen soll, verlorene Dinge wiederzufinden. Für notorische Schlüssel-, Mobiltelefon- oder Brillensucher kann ein Besuch dort also empfehlenswert sein. Gleich daneben befindet sich der Hengststall Ossiacher Tauern, einer der traditionsreichsten Noriker- und Haflingeraufzuchtsställe in Österreich. Besonders beeindruckend ist der jährliche Weideaustrieb im Mai. Die Junghengste

werden dabei aus den Ställen auf die Koppeln getrieben und sie begrüßen unter donnerndem Hufschlag den Frühling und die saftigen Wiesen.
Für den Rückweg nach Ossiach kann man alternativ die unbefestigte Forststraße benutzen. Über diese kurven Gehfaule mit dem Auto zum Tauernteich. Aber wer sich einmal dem Schluchtweg gestellt hat, wurde nicht nur mit einem herrlichen Naturerlebnis belohnt, sondern darf danach in einem der zahlreichen Gasthäuser der Umgebung wieder „sündigen". Zum Beispiel im Restaurant Stiftsschmiede in Ossiach. Das vor allem für seine heimischen Fischgerichte bekannte Lokal befindet sich in einem im Kern 1000 Jahre alten Gebäude, das - nomen est omen - einst die klösterliche Schmiede beherbergte. Wie Sie das Lokal finden? Vom Stift sind es nur ein paar Meter „ume".

Info

Der Schluchtweg beginnt an der Ossiachersee-Süduferstraße in Rappitsch, von Villach kommend, gleich rechts nach dem Ortsschild „Alt-Ossiach". Parkplätze gibt es beim Stift Ossiach, das circa 700 Meter vom Einstieg entfernt liegt. Der Aufstieg dauert mindestens 1,5 Stunden und kann auch von Kindern bewältigt werden. Trittsicherheit und festes Schuhwerk (bei Erwachsenen natürlich ebenso) vorausgesetzt.

# URSPRÜNGLICHE WASSERKRAFT

25

## Tiebelquellen, Himmelberg

An die 100 Quellen, die früher Mühlen und Sägewerke angetrieben haben, sprudeln im Wald über Himmelberg. Die Fantasie der Menschen beflügeln sie bis heute.

Sattes Grün, verschlungene Wege, plätschernde Bäche: Genau so stellt man sich einen Zauberwald aus dem Märchen vor. Kein Wunder, dass es rund um die Tiebelquellen bei Himmelberg vor Sagen nur so sprudelt. Die Legende von den „Kärntner Bachmandln" sollte früher Kinder vom Wasser fernhalten. Das funktioniert in der modernen Welt wohl nur noch begrenzt. Ein kleiner Funken des Glaubens an Naturgeister scheint sich aber gehalten zu haben. Entlang des Weges findet man immer wieder Altärchen mit Kerzen sowie Figuren und Kleingeld als Opfergaben. Touristisch beworben wird das Plätzchen weniger spirituell, aber nicht gerade bescheiden: Als „Naturwunder" wird das zweitgrößte Quellgebiet Kärntens bezeichnet.
Aus 60 bis 100 Quellen sprudelt hier bestes Trinkwasser von der Prekowahohe mit einer ganzjährig konstanten Temperatur von 7 Grad Celsius. Die Quellen – sie münden in die Tiebel, die im Tal den Ossiacher See speist – frieren also auch im Winter nicht zu. Wasserfluss und -druck sind ebenfalls gleichbleibend, weshalb die heute ruhige und idyllische Gegend noch vor gar nicht allzu langer Zeit eine Art Industriegebiet mit Dutzenden Mühlen und Sägen war. Wenn die Bauern anderswo die Ruhe des Winters genossen, da es bei Schnee und Eis sowieso nichts zu bewirtschaften gab, ratterten und knatterten in Himmelberg die vom Wasser angetriebenen Mühlen und Sägewerke. Einige sind erhalten geblieben. Zwei gut restaurierte Anlagen findet man direkt am Weg zu den Tiebelquellen bei der Familie Kröndl. Christa Kröndl führt Gäste gerne zu Quellen, an denen sie Kräuter sammelt oder den Kindern von Tieren erzählt, die am Wasser leben. Ihrer Familie gehört das alte Venezianergatter. Dieses Sägewerk, in dem Kröndls Schwiegervater noch gearbeitet hat, wurde 1750 erbaut. „Die Funktionsweise geht auf Leonardo da Vinci zurück. Wanderarbeiter haben die Konstruktion aus Italien mitgebracht, deshalb nennt man diese Sägen Venezianer", erklärt Christa Kröndl. Das Sägeblatt ist in einen Holzrahmen eingespannt, diese Apparatur wird „Gatter" genannt. Der „Waschl", ein kleines Wasserrad, das

Floder

Venezianergatter

25

mit fallendem Wasser in Schwung gebracht wird, treibt die Säge an und bewegt sie auf und ab. Ein Holzstamm, der auf einem Schlitten, dem „Ploch", eingespannt ist, wird dann vom selben Antrieb durch die Säge geführt. So werden Bretter geschnitten. „Hier immer nur jeweils eines. In der Säge vom Jörgele-Hof, die direkt bei den Tiebelquellen zu sehen ist, gibt es die Möglichkeit, mehrere Sägeblätter einzuspannen", sagt Kröndl.
Wenige Meter weiter befindet sich die Mehlteurer Mühle aus dem 19. Jahrhundert. Sie wurde 2002 an ihrem ursprünglichen Standort abgetragen und 2004 bei Familie Kröndl vulgo „Sagschneider" wieder aufgebaut. Doch etwas Entscheidendes scheint zu fehlen: ein großes Mühlrad. „Das braucht man nur bei ruhigen Gewässern", sagt Kröndl. „Diese Mühlen hier wurden mit einer sogenannten Floder unter dem Haus betrieben. Da das Wasser immer gleichmäßig fließt, lässt sich die Geschwindigkeit mit einem Hebel verstellen, der die Floder mehr oder weniger in den Bach senkt." Spricht's und entlockt mit einem kurzen Druck auf den Hebel dem Tiebelquellenwasser ganz neue Geräusche. Unter Schleifen, Grummeln und Mahlen beginnen die schweren Mühlsteine das Getreide zu verarbeiten. Und leise rieselt das frische Mehl. Nicht ganz so spektakulär, aber dafür ebenso ursprünglich wird die Kraft des kristallklaren Bergwassers in der beliebten Forellenstation Pluch genutzt. Am 300 Jahre alten Hof knapp über den Tiebelquellen werden die Fische, die man in den hauseigenen Teichen züchtet, traditionell in viel Butter in der Pfanne gebraten und ins Rohr geschoben.

**Info**

Zu den **Tiebelquellen** führt ein leichter Wanderweg mit mehreren „Einstiegsstellen". Ein Startpunkt befindet sich vor dem *Gemeindeamt Himmelberg* (Turracher Straße 27, 9562 Himmelberg). Mit dem Auto folgt man der B 95 Turracher Straße für weitere 2,3 Kilometer und biegt dann eine kleine Straße nach links in Richtung Tiebel ein. Unter dem Forellenhof Pluch befindet sich ein kleiner Parkplatz.
Christa Kröndl führt gegen Voranmeldung durch die Mehlteurer Mühle, das **Venezianergatter** und zu den Tiebelquellen. Kontakt: Tel. 0664/8609430.
Insider schwören auf die unkapriziöse, aber perfekte Zubereitung der Forellen in der **Forellenstation Pluch.** Geöffnet hat sie von 11 bis 14 und von 17 bis 21 Uhr, an Sonn- und Feiertagen durchgehend von 11 bis 22 Uhr. Dienstag Ruhetag. Tiebel 15, 9562 Himmelberg.

# DER GROSSE UND DER KLEINE LUXUS

## Velden (und anderswo) am Wörthersee

26

Der Wörthersee als Inbegriff nostalgischer Sommerfrische und heißer Partynächte im vergangenen Jahrhundert ... Ein legendäres Pflaster, um das Leben zu genießen.

Was lieben die Kärntner, männlich und weiblich, ganz besonders an ihrem Land? Die Antwort wird lauten: Die herrliche Natur! Die wunderbare Landschaft! Die Berge, die Seen! Und die Augen werden dabei zu leuchten beginnen. Wie die Sonne an einem Sommerabend, knapp bevor sie hinter einem markanten Gipfel verschwindet. Oder: Am Wörthersee perfekt inszeniert in einem pastellfarbenen Aquarellhimmel versinkt – und dabei selbstbewusst, wie um ihre Reize wissend, ihr Publikum sehnsuchtsvoll zurücklässt.

Hach. Zum Schönsten gehört es also, solche Abende an einem der schicken Hotspots am Wörthersee zu verbringen, dabei fein zu speisen oder einfach einen Drink zu genießen. Zu chillen, wie man heute so gern sagt – oder auch ungern hört. Wo diese besten Plätze sind, ist kein Geheimnis, zumindest unter Eingeweihten. Die Schickimickis flitzen dann per eigenem Motorboot heran, aber auch Max und Martha Mustermann können von verschiedenen Ausgangspunkten ein Taxi-Boot chartern, um direkt vor der bevorzugten Location anzulanden. Alle anderen, die eher profan mit dem Auto angereist sind – schauen.

Gut kann man dies aber auch tun, wenn man per pedes unterwegs ist, etwa in Velden. Hier ist die Uferpromenade, neben jener Pörtschachs, am längsten. Und vor allem gesäumt von luxuriösen oder zumindest erstklassigen Unterkünften, privaten Jugendstilvillen – und dem durchaus legendären Casino, das es in einer frühen Form schon seit 1922 hier gibt. Im Herzen der Marktgemeinde mit dem Prädikat „Luftkurort" erinnert so gar nichts mehr daran, dass da einst ein Bauerndorf war.

1864 wurde der Ort, dessen Name sich von *velwe* (mittelhochdeutsch für Weide) ableitet, an das Eisenbahnnetz angebunden und die erste Badeanstalt entstand. Als der Wiener Porzellanfabrikant Ernst Wahliss (1837–1900), der ein Faible für den Wörthersee hatte und einer seiner größten Förderer war, im Jahr 1891 das herabgekommene Schloss Velden kaufte, begann der Aufschwung des örtlichen Fremdenverkehrs.

Schloss Velden

Stilgerecht anreisen

Ursprünglich war das Schloss von Bartholomäus Khevenhüller (1539–1613), einem Spross des einflussreichen protestantischen Kärntner Adelsgeschlechts, als repräsentativer Wohnsitz erbaut worden. Nach seinem Tod ging es bald an die Dietrichsteiner über, bis es 1762 durch einen Brand großteils zerstört wurde. Das Schloss oder das, was davon übrig geblieben war, fristete ein eher unwürdiges Dasein als Gasthaus und Poststation, bis es eben Ende des 19. Jahrhunderts unter einem der sogenannten Wörthersee-Architekten, Franz Baumgartner, erstmals zur Luxusherberge umgebaut wurde.
Ab den 1950er-Jahren war das romantische Schlosshotel mit seinen auffälligen vier Ecktürmen mit Haubendächern begehrter Schauplatz zahlreicher Film- und Fernsehproduktionen. 1990 kaufte der als Weltbürger und Playboylegende geltende Gunter Sachs das Schloss, renovierte und erweiterte es. Richtig berühmt wurde das Haus aber, als zwischen 1990 und 1992 „Ein Schloss am Wörthersee" in Serie und in weiterer Folge um die Welt ging – mit den Hauptdarstellern Roy Black und Uschi Glas und Gastauftritten beinah aller fernsehtauglichen Promis der damaligen Zeit.
Doch das turbulente Vorleben des Schlosses mit bestem Blick auf den See war damit nicht vorüber – bis in die jüngste Vergangenheit herauf reichen die medienwirksamen Dramen, die es unter späteren Besitzern erleiden musste. Nunmehr scheint das Hotel aber in ruhigeres Fahrwasser gekommen zu sein und dem Tourismusort wieder Noblesse zu verleihen. Jenen Hauch von Luxus, den man in den Nachwehen des Billigtourismus, der die Gäste eher in All-inclusive-Länder trieb, dringend brauchen kann. Die Hautevolee ist also wieder eingezogen, wovon auch edle Karossen vor dem Haus zeugen.
Besonders viele davon gibt es zu sehen, wenn im Frühsommer das „Internationale Sportwagenfestival" stattfindet. Der Lärm, der dann durch die Straßen zieht – die übrigens im Zentrum ein sogenannter Shared Space sind, wo alle aufeinander aufpassen sollen –, mag etwas abtörnend sein. Das Defilee der exzentrischen Boliden mit Stieren, Pferden oder Flügeln auf den Motorhauben lässt aber auch ansonsten autoresistente Naturen zwei Mal hinschauen.
Verkehrsberuhigter sind die Abende im Juli und August – wenn ein Teil des Seecorsos autofrei wird und die „Flaniermeile" mit ihren Straßenkünstlern Vorrang hat. Im September haben noch die Harley-Davidson-Biker ihren Auftritt, die eigentlich am etwa 15 Kilometer entfernten Faaker See ihr „Treffen" abhalten – aber sie wollen schließlich gesehen werden und dafür bietet einmal mehr das Straßenstück vor dem Casino und den angrenzenden In-Lokalen die passende Bühne.

Besonders glanzvoll wird das Seeambiente mitten im Winter – der Zauber, den der Advent hier mit sich bringt, ist einzigartig: das hell erleuchtete Schloss, ein üppig dimensionierter Adventkranz im See, hübsche Hütten mit Punsch und Engelsfiguren. Auch wenn die Weiden, die Velden einst den Namen gaben, dann ein wenig Trauer tragen: Der nächste Sommer kommt bestimmt.

**Info**

Für den kleinen Wörthersee-Luxus zwischendurch – diese Sonnenuntergangslocations muss man gesehen haben:

Lakeside, Reifnitz: der Dauerbrenner unter den Hotspots. Schicke, aber entspannte Atmosphäre zum Wohlfühlen. Kleine, feine, moderne Speisenauswahl. Eigener Loungebereich für Drinks. *www.lakesidelounge.at*

Sol Beach Club, Velden: Restaurant mit asiatisch inspiriertem Angebot. Bei einem Cocktail oder Glas Wein unter Palmen kann man lässig die Zehen in den Sand stecken ... *www.solbeachclub.at*

Jilly Beach, Pörtschach: schöne Terrassen, entweder zum Speisen oder um etwas zu trinken. Im gläsernen Bootshaus daneben baumelt dekorativ eine prachtvolle Boesch in der Luft und wartet auf eine Spritztour. *www.jilly.at/jilly_beach*

Hotel Linde, Maria Wörth: Sowohl im Hotelrestaurant als auch in der eine Spur legereren Seebar lässt einen der atemberaubende Ausblick fast auf das Essen vergessen. *www.hotellinde.at*

Schloss Loretto, Klagenfurt: Für Landeshauptstädter der nächstgelegene Edel-Dating-Platz bei Kaffee oder guten Getränken. Eine der beliebtesten Hochzeitskapellen liegt übrigens gleich daneben. *www.schloss-loretto.com*

Sunset, Klagenfurt: Schnell mal einen Stopp bei Radtour, Spaziergang oder Laufrunde einlegen und ein bisschen Abendrot und Romantik tanken. *www.sunset-cafe.at*

➤ Taxiboote etwa ab Krumpendorf, Pörtschach, Velden, Auen, Maria Wörth: *www.woerthersee.com*

Info allgemein: *www.woerthersee.com, www.velden.at*

Festlichen Advent-Glanz gibt es in Velden, aber auch in Pörtschach: *www.veldener-advent.at, www.stilleradvent.at*

# AUSSICHT AUF MEHR

## Pyramidenkogel, Keutschach

27

Architektur und Aussicht sind einzigartig. Der Holzturm auf dem Pyramidenkogel ist weltweit der höchste seiner Art. Als Besucher kann man ihn beschaulich nutzen, sich aber auch – natürlich nur auf Wunsch – einen Adrenalinkick holen.

Mehr Kärnten geht nicht. Auf dem Aussichtsturm auf dem rund 900 Meter hohen Pyramidenkogel bei Keutschach liegt einem fast das ganze Land zu Füßen. Die Karawanken, die Julischen Alpen in Slowenien und Italien, Teile der Zentralalpen sowie die Koralpe umrahmen die überwältigende Aussicht. Diesen grandiosen Rundumblick wusste man schon früh zu schätzen. Noch bevor man hier 1950 den ersten Aussichtsturm baute, gab es eine Art Hochsitz auf drei Föhren.
Die Zimmerei Pauker konstruierte den ersten Aussichtsturm unter schwierigsten Bedingungen. Die Straße war damals noch nicht ausgebaut und man musste die Bretter und Stämme mit Pferde- und Ochsengespannen auf den Hügel schaffen. Der 27 Meter hohe Holzturm wurde stückweise auf dem Boden zusammengesetzt und dann mit Flaschenzügen aufgezogen. Angeblich hatte selbst Zimmermeister Georg Pauker erhebliche Zweifel, ob das Bauwerk überhaupt stehen bleiben wird. Das tat es, obwohl der Besucheransturm enorm war. Busladungen voller Gäste erstürmten den Holzturm. Das Gasthaus am Fuß des Turms bewirtete an die 80 000 Besucher pro Saison. Die exponierte Lage war auch für den österreichischen Rundfunk ideal. 1957 wurde der erste Radio- und Fernsehsender auf dem Pyramidenkogel errichtet.
Bald überlegte man jedoch, einen neuen Turm zu bauen. 1966 startete das Projekt und es entstand eine 54 Meter hohe Stahlbetonkonstruktion nach den Plänen des Architekten Gustav Wetzlinger (1924–1992). 3,5 Millionen Schilling (rund 250 000 Euro) kostete der Turm, der nun nicht mehr nur zu Fuß, sondern mit einem Lift erklommen werden konnte. In 24 Sekunden wurden bis zu 16 Personen zur ersten Aussichtsplattform in 43 Meter Höhe befördert. Die zwei weiteren, kleineren Plattformen konnten über Treppen erreicht werden. Auf der obersten Plattform war ein Sendemast angebracht. 1968 feierte man die Eröffnung und der Besucheransturm hielt an.

Blick vom Pyramidenkogel auf Pörtschach

27

Rutsche oder Stiege?

Durch die Eintrittsgelder war die Investition rasch abbezahlt. Die Touristen der 1960er- und 1970er-Jahre liebten Aussichtstürme.
Dem Besucheransturm hielt der neue Turm immerhin an die 40 Jahre lang stand. Nach 6,3 Millionen Gästen begann das Konstrukt jedoch zu bröckeln. Für die Gemeinde Keutschach stellte sich als Besitzer und Betreiber die große Frage: „Sanieren oder neu bauen?" Die Antwort brachte der Rechenstift: Eine Sanierung hätte 7,5 Millionen Euro gekostet. Für dieses Geld konnte man auch gleich einen neuen Turm bauen - zumindest fast. Das 2013 eröffnete Bauwerk kam auf 8 Millionen Euro Gesamtkosten. Das Team mit Statiker Markus Lackner, Künstler Hanno Kautz und den beiden Architekten Markus Klaura und Dietmar Kladen setzte sich mit seinem Vorschlag bei einem Architektenwettbewerb durch.
Wie ein riesiger DNA-Strang schraubt sich der heutige Aussichtsturm aus Holz und Stahl in den Himmel. Die ellipsenförmige Grundfläche dreht sich um 220 Grad und ragt 100 Meter in die Höhe. 16 gedrehte Stützen im Außenskelett tragen das Bauwerk. Im Windkanal wurde bewiesen, dass die Holzkonstruktion sehr robust ist und ähnliche Bauwerke aus anderen Materialien übertrumpft. Bei 135 km/h Windgeschwindigkeit beträgt die Auslenkung vor und zurück jeweils nur 20 Zentimeter, was durch die korbähnliche Struktur erreicht wird. Als Baumaterialien wurden Stahlteile und Lärchenbrettschichtholz verwendet. Die Lärchen mussten von hoher Qualität und auf über 1250 Meter Seehöhe gewachsen sein. So waren für belastete Teile nur 5 Jahresringe pro Zentimeter zulässig, ebenso wurden hohes spezifisches Gewicht und hoher Rotanteil, der durch Harz zustande kommt, gefordert.
Der neue Aussichtsturm bricht Rekorde. Er ist der weltweit höchste aus Holz. In der Nacht leuchtet er weithin sichtbar über den Wörthersee und macht mit seiner spektakulären Omnipräsenz für sich selbst die beste Werbung. Hinauf geht es entweder im Panoramalift oder über 441 Stufen. Mehrere Aussichtsplattformen, die höchste auf 70 Meter, bieten einen unbeschreiblichen 360-Grad-Panoramablick. Mit 150 000 Besuchern im Jahr hoffte man an die Zahlen des alten Turmes anzuschließen. Tatsächlich lockt der neue jedoch um die 330 000 Besucher jährlich an. Darunter auch viele, die den Nervenkitzel suchen. Im Inneren des Turmes führt nämlich die höchste überdachte Rutsche Europas wieder abwärts. In rund 20 Sekunden rutscht man 160 Meter lang die 50 Höhenmeter hinunter bis zum Eingang. 
In die Röhre dürfen aber nur Besucher, die größer als 1,30 Meter sind.
Das alles war zwei Extremsportlern wohl nicht genug an Nervenkitzel. Keine zwei Monate nach der Eröffnung des Turmes schmuggelten zwei Basejumper ihre Ausrüstung über den Notausgang auf das Areal, erklommen

Blickfang Aussichtsturm

den Turm und sprangen vom Geländer der höchsten Plattform. Die Videos davon gingen um die Welt. Vielleicht war diese Aktion der Anstoß für zwei weitere Attraktionen, die der Turm mittlerweile bietet. Beim „Free Fall" springt man aus 70 Meter Höhe bis zur 30 Meter darunter liegenden Freiplattform. Man kann sich aber auch lässig abseilen. „Fly 100" ist eine Art Flying Fox, mit dem man nach 100 Metern am Seil vom Turm bis zum Parkplatz gelangt.
Maskottchen hat der Turm neuerdings auch eines: den kuscheligen Holzwurm „Pyko".

**Info**

Der Aussichtsturm Pyramidenkogel hat täglich geöffnet, die Zeiten variieren nach Saison. Im Winter empfiehlt sich ein Anruf, bei starkem Schneefall wird der Turm oft kurzfristig aus Sicherheitsgründen geschlossen.
Linden 62, 9074 Keutschach am See, *www.pyramidenkogel.info*

# TIEFER BLICK

## Meerauge, Bodental

28

Mystisches, das die Menschen seit Jahrhunderten fasziniert: Das Meerauge soll das Kärntner Bodental der Sage nach unterirdisch mit der Adria oder wenigstens mit dem Bleder See in Slowenien verbinden.

Schade, dass die Aufgabe nicht heißt: „Fassen Sie die Geschichte mit einem Satz zusammen!" Dann wäre es wohl mit dem legendären Zitat aus dem Filmklassiker „Casablanca" getan: „Schau mir in die Augen, Kleines!"
Wer tief ins Meerauge blickt, wird gebannt verweilen. Der intensiv türkisblau schimmernde Teich im Bodental bei Ferlach lässt Besucher nicht nur wegen seiner Farbe staunen, die jedes handkolorierte Postkartenidyll verblassen lässt. Vom Steg aus, der rund um das Meerauge führt, kann man Luftblasen beobachten, die im Gewässer immer wieder aufsteigen. Unheimlich? Ja. Aber auch unheimlich schön.
Das Meerauge liegt auf 1052 Meter Seehöhe und ist ein Relikt aus der letzten Eiszeit, das mit einem leider gar nicht malerischen geologischen Fachbegriff beschrieben wird: Toteisloch. Als sich der große Bodentalgletscher vor mehr als 10 000 Jahren zurückgezogen hat, sind einige Brocken übrig geblieben. Sie schmolzen erst später und haben Senken gebildet, die durch Quellen mit dem Grundwasser der Schwemmschuttschichten des Talbodens gefüllt werden. Viele der 1270 Kärntner Seen sind ebenfalls aus Toteislöchern entstanden. Doch nicht immer ist dabei so ein sagenumwobenes Juwel wie das Meerauge herausgekommen.
In den Überlieferungen heißt es, das Meerauge soll unterirdisch nicht nur mit anderen Gewässern, sondern sogar mit dem Meer verbunden sein. Daher hätte es auch seine einzigartige Farbe. Tatsächlich „leuchtet" der Teich aber dank des speziellen Lichteinfalls und der Wasserzusammensetzung. Das Wasser enthält viele Kalkpartikel, aber kaum bis wenig Algen und Plankton. Das macht es glasklar und lässt es selbst bei wolkenverhangenem Himmel in faszinierendem Türkis bis Smaragdgrün erstrahlen. Zum tiefsten Punkt kann man dennoch nicht blicken – versunkene Bäume versperren den Blick, was den Ort noch magischer macht.
Über die Tiefe des Gewässers gibt es keine amtlichen Angaben. Bauern aus

Meerauge

28

Märchenwiese

der Umgebung sollen einmal mit langen Bohnenstangen im weichen Boden des Gewässers herumgestochert haben – doch auf festen Grund seien sie nie gestoßen, wird berichtet. Das passt zur Sage von der unterirdischen Wasserverbindung: Zwei Ochsen des Bodentalbauern sind einst samt dem beladenen Karren in das Meerauge gefallen. Sie starben offenbar einen stillen Tod, denn nicht einmal eine kleine Welle soll das Wasser dabei bewegt haben. Wochen später tauchte das Joch (Zuggeschirr) der Tiere auf der anderen Seite der Karawanken wieder auf: im Veldeser See, den man heute als Bleder See kennt.

Unspektakulärer klingt die Erklärung des schönen Teichnamens durch einen Sprachwissenschaftler. Professor Heinz-Dieter Pohl hat sich intensiv mit den Kärntner Flurnamen beschäftigt und herausgefunden, dass in der altdeutschen Mundart „mīr" oder „mēr" Hochmoor bedeutet. Die nur wenige Hundert Meter vom Meerauge entfernte sogenannte Märchenwiese führt zum wohl schönsten Talschluss des Landes. Sie geht unmittelbar in die senkrechten Wände der Karawanken über, die hier mit der Zelenica (2026 m) im Süden, der Vertatscha (2181 m) und Bielschitza (1959 m) in der Mitte und dem Kosiak (2024 m) im Norden ein beeindruckendes Panorama bilden.

Das Hochtal wurde einst intensiv landwirtschaftlich genutzt. Die Besiedelung ging vom Zisterzienserkloster Viktring (gegründet 977) aus. Die Bauern im Bodental galten als privilegiert. Im Unterschied zu den Bergbauern bewirtschafteten sie ihr Land auf leicht abfallenden Wiesen. Das schlug sich auch kurze Zeit auf den Namen der Bauern nieder: So wird zum Beispiel ein „Lucas Ogris im Schönleben" erwähnt.

Mittlerweile steht das gesamte Gebiet unter Naturschutz und es wachsen unter speziellen klimatischen Bedingungen seltene Pflanzenarten. Auch das Fernsehen hat die romantische Alpenwiese bereits entdeckt. Regisseur Kurt Mündel fand hier 1998 den perfekten Drehort für seinen Ötzifilm „Der Ötztalmann und seine Welt".

Das Wandergebiet um das Bodental ist gut erschlossen und so führen markierte Wege und Steige etwa zum beliebten Ziel Klagenfurter Hütte. Im Winter ist das Gebiet ebenso Anziehungspunkt, weil über der Nebeldecke, die mitunter über den Niederungen liegt, häufig die Sonne frohlockt. Beim Gasthaus Sereinig befindet sich ein kleines Wintersportzentrum, das vor allem für Kinder bzw. Ski- und Snowboardanfänger geeignet ist. Zudem gibt es schöne Langlaufloipen und Winterwanderwege.

Märchenwiese mit Vertatscha

## Info

Startpunkt der Familienwanderung zum Meerauge ist der Familienhof Sereinig. Dem Weg Nr. 662 folgend, kommt man nach gut 20 Minuten auf der rechten Seite zur Abzweigung zum Meerauge. Ein Stück weiter erreicht man den Gasthof Bodenbauer (wer die Wanderung um 30 Minuten abkürzen will, kann auch hier sein Auto parken). Der Weg 662 führt circa eine Stunde lang durch ein kleines Waldgebiet zur
110 Märchenwiese – eine große Lichtung umrahmt von Wäldern und den rauen Nordhängen der Karawanken. Von hier aus gibt es einen weiterführenden, jedoch anspruchsvolleren Wanderweg zur Klagenfurter Hütte (Weg 603, circa 3 Stunden ab Sereinig).

# GESUNDE NATURGEWALT

## Tscheppaschlucht, Ferlach

29

Reichlich Wasser, gewaltige Felsen und ein wenig Nervenkitzel. Eine Wanderung durch die Tscheppaschlucht ist nicht nur spannend, sondern stimuliert das Immunsystem.

„Boah, do hot's getscheppat!" Lautstarke Geräusche – „tscheppan" heißt ja auf Kärntnerisch so viel wie „krachen" – wundern kaum jemanden, der von Ferlach als legendärer Büchsenmacherstadt weiß. Die weltweit angesehenen Handwerker müssen ihre Gewehre schließlich auch probeschießen. Sechs Kilometer weiter südlich ist sogar ein ganzes Ausflugsziel nach lautem Donnern und Grollen benannt: die Tscheppaschlucht. Hier wird aber nicht geschossen. Das Tosen kommt vom Wasser des Loibelbachs, das geräusch- und kraftvoll über die Felsen der Karawankenausläufer stürzt.
Wie mächtig die Natur sein kann, sieht man schon am Parkplatz. Ein riesiger „Findling" liegt hier seit 2011. Er ist mit 30 000 Kubikmetern weiterem Gestein bei einem sogenannten Jahrhundertfelssturz im Jahr 2011 vom Berg „gerollt". Die Gemeinde ließ ihn nicht entfernen, sondern machte den gut 60 Kubikmeter großen Felsen zum „Zeitzeugen". Der Felssturz war ausschlaggebend für ein neues Sicherheitskonzept. Man führte Steinschlagsimulationen durch und entwickelte einen modernen Schutzbau mit Auffangbecken. Der imposante Wall von 200 Metern Länge und 10 Metern Höhe wurde zur Vorlage für zahlreiche weitere geologische Sicherungsprojekte in Tirol und in der Schweiz.
Das ist beeindruckend und beruhigend zugleich. Über Jahrmillionen hat der Loiblbach hier eine tiefe Schlucht in das Gestein gegraben. Die Tscheppaschlucht ist aber gut ausgebaut, was sie auch für Familien zum beliebten Ausflugsziel macht. Einzige Voraussetzung für Groß und Klein: Trittsicherheit und gutes Schuhwerk. Denn es geht über Treppen, Leitern und Brücken. Ein kleiner Nervenkitzel schwingt immer mit, wenn man auf den teilweise schmalen Wegen oberhalb des tosenden Loiblbachs wandert. Auf dem Barfußparcours kurz vor dem Schluchteingang werden dann auch die Fußsohlen gekitzelt.
Immer wieder zweigen kleine Pfade von der Hauptstrecke ab. Wer direkt ans Wasser will, kann so wildromantische und ruhige Platzerln finden. Größere

29

Abenteuer erleben Besucher im Waldseilpark und bei den Canyoningtouren. Dabei nimmt man mit Neoprenanzug und Klettergurt ausgerüstet gleich den direkten Weg durch das Wasser.
Das Herzstück der Tscheppaschlucht ist vom Eingang aus in einer guten Stunde erreicht. Bei einer beschilderten Weggabelung geht es rechts zum Felsentor und zur Teufelsbrücke. Wer diese Hängebrücke überqueren will, sollte seine Höhenangst kurz vergessen – man wandert dafür über herrliche Wasserkaskaden. Der höchste der Wasserfälle ist der Tschaukofall. Hier stürzen die Wassermassen über beeindruckende 26 Meter in die Tiefe. Übrigens: Dies ist einer der gesündesten Plätze Kärntens! In unmittelbarer Nähe von Wasserfällen tut man nämlich aktiv etwas für seine Gesundheit, auch wenn man nur herumsteht und die Schönheit bewundert. Das haben österreichische Forscher des Joanneum Research Instituts herausgefunden. Der feine Sprühnebel eines Wasserfalls beinhaltet eine hohe Konzentration an negativen Luftionen. Diese stimulieren das Immunsystem und verringern sogar die Anfallshäufigkeit bei Allergikern und Asthmatikern. Abhängig vom Standort befinden sich in der Luft etwa 300 bis 3000 Ionenpaare pro Kubikzentimeter. An einem Wasserfall werden Werte von bis zu 70 000 Ionenpaaren gemessen. Diese Wasserfallelektrizität hat Philipp Lenard (1862–1947), ein österreichisch-ungarischer Physiker, entdeckt. Der Effekt wurde sogar nach ihm benannt. Es heißt also: Tief durchatmen. Die negativen Luftionen regen auch die Flimmerhärchen in der Nasenschleimhaut an und „putzen" damit die Atemwege durch. Wer meint, jetzt schon genug für seine Gesundheit getan zu haben, kann bereits ab hier den Bus nehmen, der von drei Ausstiegsstellen zurück zum Parkplatz fährt. Die Fahrt ist im Eintrittspreis inkludiert.
Wenn man ein Stück weiter Richtung Loiblpass geht, gibt es die Möglichkeit zur bodenständigen Stärkung im Gasthof „Deutscher Peter". Schon in der Römerzeit war dieser Karawankenübergang ein wichtiger Handelsweg zwischen Virunum und Emona, dem heutigen Ljubljana. Auch berühmte Persönlichkeiten kamen hier vorbei: Am 25. August 1728 zum Beispiel Kaiser Karl VI., der sich auch mit den Leuten unterhalten wollte. Die Einheimischen konnten jedoch nur auf Windisch, einem slowenischen Dialekt, antworten. Der Kaiser verstand kein Wort. Man schickte ihn und sein Gefolge deshalb zum kleinen Gasthof „Katruschnig" bei der Teufelsbrücke. Wirt Peter Tschauggo beherrschte als Einziger auch Deutsch. Der Kaiser unterhielt sich erfreut und ausführlich mit ihm, sodass er ihn am Ende zum Dank „Deutscher Peter" nannte. Mit den Worten „Diesen Namen dürft Ihr auch an die kommenden Geschlechter Eures Hauses weitergeben" zog der

Regent von dannen. Seither heißt der Gasthof „Deutscher Peter". Tscheppaschluchtwanderer finden hier einen weiteren Ausstieg mit Bushaltestelle. Wer noch Lust auf Weiterwandern hat, kann sich für die längeren Routen nach Windisch Bleiberg oder ins zauberhafte Bodental entscheiden. Von dort fahren ebenfalls Busse zurück zum Ausgangsparkplatz.

Info

Die Tscheppaschlucht ist von Mai bis Oktober täglich von 8.30 bis 17 Uhr zugänglich. Unterloibl 65, 9163 Ferlach, *www.tscheppaschlucht-ferlach.at*

Der Gasthof „Deutscher Peter" ist bekannt für seine urigen Schnitzelvarianten und die hauseigene Schnapsbrennerei. Loiblpassstraße 4, 9163 Ferlach, Tel. 04227/62200, *www.deutscher-peter.at*

# INNERE UND ÄUSSERE WERTE

## Der Reinling

30

Für Süßschnäbel gibt es nur eine Antwort auf die Frage nach dem typischen Kärntner Gebäck. Und der Verwendungszweck ist vielseitiger, als man vielleicht glauben möchte.

Der Reinling gehört zu Kärnten wie der Großglockner. Ein Urgestein, das aber zart und flaumig sein sollte. Angeblich bis ins 16. Jahrhundert lassen sich seine Wurzeln zurückverfolgen. Auch er vermag, ähnlich den Kärntner Nudeln, durchaus Diskussionen auszulösen. Zuallererst über seine korrekte Schreibweise: Mit oder ohne d – das ist hier die Frage. Die Begründung, dass sein Name von der Rein kommt, also dem flachen runden Geschirr, und damit Reinling geschrieben wird, scheint genauso logisch wie jene, dass das „Reindl" die Grundlage ist, also die verkleinerte Form davon, und folglich ein Reindling daraus wird. Wie auch immer, ein kleiner Buchstabe soll uns nicht am großen Genuss hindern.

Was zumindest schlüssig aus diesen Überlegungen hervorgeht, ist seine ursprüngliche Form: Denn der Rein(d)ling hat, will man der Tradition folgen, keinesfalls ein Loch in der Mitte – wie es sich ergibt, wenn man eine gewöhnliche Gugelhupfform zum Backen nimmt. Früher gab es dazu außerdem das sogenannte Schartl, eine „flache Röstpfanne", weshalb der Reinling in manchen Gegenden auch Schartl heißt – sogar bis ins italienische Kanaltal hinunter. Wieder modern, weil sie so schön sind und außerdem hervorragende Backergebnisse liefern, sind kunstvolle Formen aus Steinzeugton, die seit 30 Jahren in Handarbeit von Familie Polzer in Knappenberg hergestellt werden. So weit zum Äußeren. Wie aber sehen nun die inneren Werte des Reinlings aus? Es handelt sich dabei um einen Germteigkuchen, der klassisch mit Zucker, Zimt, Rosinen, manchmal auch Kakaopulver und Walnüssen gefüllt wird. Zubereitet wird er heutzutage üblicherweise aus Weizenmehl, einst verwendete man etwa auch Karobenmehl (Johannisbrotkernmehl). Der zubereitete Germteig wird rechteckig ausgerollt, mit der Fülle bestreut, mehrfach mit reichlich Butter bestrichen und beträufelt und letztendlich schneckenförmig in die Form gelegt und gebacken.

Gegessen (und gekauft) werden kann der Reinling, der übrigens diesseits und jenseits der slowenischen Grenze Pohača heißt, zu jeder Jahreszeit, als

30

Reinlingformen aus Steinzeugton

Nachspeise oder zum Kaffee oder zwischendurch, aber besonders beliebt ist er als treuer Begleiter zur Osterjause. Wer es nicht glauben kann, muss es probieren: Tatsächlich wird zu feinem Schinken oder Geselchtem, zu Selchwürsten (die dann Osterwürste heißen), gekochter Zunge von Rind, Kalb oder Schwein, frisch geriebenem Kren, selbstverständlich hart gekochten gefärbten Eiern und noch einigem mehr der süße Reinling verspeist. Viele sparen bei der Zubereitung des Osterreinlings etwas an Zucker und Rosinen ein, damit er eben nicht ganz so „pickig" ist. Dennoch, die Kombination begeistert so sehr, dass ausgewanderte Kärntner (und oft sogar deren Freundeskreis) sich genau diese Osterjause, also mitsamt Reinling, von der Familie, oder zeitgemäß per Onlineshop, in die ganze Welt bestellen, weil sie ohne nicht sein können.
Ein besonderes Duo stellen auch der Reinling und die Villacher Kirchtagssuppe dar. Diese durchaus elegante Suppe, die äußerst aufwendig mit vier oder fünf Sorten Fleisch gekocht und unter anderem mit Safran und Zimt gewürzt wird, harmoniert bestens mit ihrem süßen Begleiter.
Und weil die Kärntner Küche ein Schmelztiegel mehrerer Kulturkreise ist und deshalb germanische, römische und slawische Einflüsse hat, gibt es natürlich in den Nachbarländern liebe Verwandte – zum Beispiel die Potica in Slowenien und die Gubana in Friaul-Julisch Venetien.

## KÄRNTNER REINLING – DAS ORIGINAL

aus: „Kärntner Küche" von Willi Tschemernjak. Pichler Verlag

### Zutaten

*Teig*

- 500 g Mehl, griffig
- 65 g Butter
- 1 Ei
- 2 Eidotter
- 5 g Salz
- 65 g Zucker
- ca. 250 ml Milch
- 30 g Germ
- Zitronenschale, gerieben
- Butter zum Bestreichen

*Fülle*

- 80 g Butter, zerlassen
- 60 g Zucker
- 2 KL Zimt
- 80 g Honig
- 60 g Walnüsse, gehackt
- 120 g Rosinen
- 1 KL Kakaopulver

### Zubereitung

- Die Germ mit einer Prise Zucker, 40 ml lauwarmer Milch und 30 g Mehl zu einem Dampfl verrühren und zugedeckt gehen lassen.
- Die restlichen Zutaten, bis auf das Mehl, in einem Wasserbad lauwarm schlagen.
- Sobald sich das Dampfl auf das Doppelte seines Volumens vergrößert hat, mit dem Mehl und der warmen Masse zu einem seidigen Teig abschlagen. Diesen zugedeckt auf das Doppelte seines Volumens aufgehen lassen. Dann zusammenschlagen und zu einem rechteckigen, fingerdicken Fleck ausrollen. Mit Butter beträufeln und mit Zimtzucker, Rosinen sowie Walnüssen bestreuen. Mit Honig beträufeln und den Fleck mit Kakaopulver leicht ansieben.
- Einrollen und in eine gut mit Butter bestrichene Rein (oder Gugelhupfform) legen. Zugedeckt nochmals auf die doppelte Größe aufgehen lassen. Dann mit flüssiger Butter bestreichen und bei 170° C im vorgeheizten Backrohr ca. 1 Stunde lang backen.

Tipp: Die Menge der Milchzugabe richtet sich nach der Mehlqualität und kann sich zwischen 200 und 250 ml bewegen.

Info

Handgetöpferte Reinlingformen (und andere hochwertige Töpferware) gibt es bei: Keramik Polzer, Knappenberg 31, 9376 Knappenberg, Tel. 0664/2526535
Erhältlich vor Ort, unter *shop.kleinezeitung.at* sowie auf saisonal stattfindenen Märkten.
Eine große Veranstaltung zu Ehren des Reinlings findet seit 2006 jeden August in Ferlach statt: das Pohača-Fest. Dabei werden eingereichte Reinlinge verkostet und bewertet. *www.pohaca-fest.at.*

# HUNDERT SÄULEN UND EINE HEILIGE

## Dom zu Gurk

31

Hemma von Gurk ist die Kärntner „Landesheilige". Ihrem Grab und dem sogenannten Hemmastein in der Krypta des Gurker Doms werden bis heute Wunder zugeschrieben.

Landkarte braucht man keine, um den Dom zu Gurk zu finden. Die Türme sind schon von Weitem sichtbar – sie überragen alle anderen Gebäude der 1200-Seelen-Gemeinde wie Wegweiser in eigener Sache. Der Dom, der inmitten der idyllischen Umgebung noch einmal imposanter wirkt, war über Jahrhunderte hinweg nicht nur das katholische Machtzentrum im Land. Er zählt auch zu den bedeutendsten romanischen Bauwerken in Europa. Im Unterschied zu vielen anderen Kirchen aus dieser Epoche ist er beinahe unverändert erhalten geblieben.

Seine Errichtung wurde 1140 vom Gurker Bischof Roman I. in Auftrag gegeben und steht in engem Zusammenhang mit der schon damals intensiven Verehrung von Hemma, der späteren Kärntner Landesheiligen. Die Gräfin von Friesach und Zeltschach hat vermutlich zwischen 995 und 1045 gelebt. Sie war eine der reichsten Frauen dieser Epoche. Nach dem Tod ihres Gatten und ihrer Söhne besaß sie Güter in Kärnten, in der Steiermark, im heutigen Slowenien und in Friaul. Mit ihrem Vermögen stiftete Hemma in Kärnten mindestens neun Kirchen und gründete in Gurk ein Frauenkloster, in das sie selbst eintrat. Von den immensen Ausgaben der Adeligen für die Bauwerke profitierte über die Löhne der Arbeiter die gesamte Bevölkerung.

Der Dom sollte ein sichtbares Zeichen der wachsenden Macht der Gurker Bischöfe sein, die zu jener Zeit noch vom Erzbistum Salzburg abhängig waren, sich davon aber lösen wollten. Deshalb wurden zahlreiche Dokumente gefälscht (was im Mittelalter gang und gäbe war) und Legenden gestrickt, die Hemma selbst sowie ihren Gatten Wilhelm und die beiden Söhne als Stifter des Bauwerks ausweisen sollten. Historisch gesichert ist, dass man 1174, also noch vor der endgültigen Fertigstellung des Gotteshauses, das Grab der Gräfin in die Krypta des neuen Doms verlegte. Dieser Vorgang galt für das Volk als Seligsprechung, kirchenrechtlich erfolgte diese erst 1287.

Kunsthistoriker schwärmen von der Gurker Krypta als „großartigste im deutschen Sprachraum". Sie ist etwa 20 mal 20 Meter groß und befindet

31

Dom zu Gurk

Stift Gurk mit dem Dom

Rätselhafter Säulenkopf

Abgang zur Krypta

Krypta mit Hemma-Grab

sich, durch zwei Treppen mit der Kirche verbunden, unterhalb des Altarraumes. Das steile Kreuzgewölbe wird von sechs massiven Rechteckpfeilern und einem regelrechten Wald aus Säulen getragen. Genau genommen sind es 98 - zwei hat man als Doppelsäulen gestaltet, um so die „plakative" Zahl 100 zu erreichen. Der monumentale Eindruck war von den Bauherren durchaus gewollt. Man hoffte auf eine Heiligsprechung Hemmas und einen Aufstieg des Doms zu einem bedeutenden Wallfahrtsort.

Tatsächlich entwickelte sich die Krypta mit dem Grab der Gräfin zu einer Pilgerstätte. Ursprünglich ruhte der schmucklose Steinsarg auf sechs kleinen Säulen. Schnell wurde es Brauch, dass unter ihm Frauen durchkrochen, um von der seligen Hemma Fürsprache für ihren Kinderwunsch zu erbitten. Um das abzustellen, ließ Propst Otto Kochler den Sarg 1721 bis zum Boden mit rotem Marmor verkleiden. Darüber pflanzte er eine barock geschwungene Altarplatte mit zwei Marmorfiguren des italienischen Künstlers Antonio Corradini, die Glaube und Hoffnung versinnbildlichen. Besonders beeindruckend ist die Symbolgestalt des Glaubens - sie zeigt eine dünn verschleierte Frau mit einem gespenstisch realitätsnahen Gesichtsausdruck.

Propst Kochler plante Anfang des 18. Jahrhunderts eine über das Hemma-Grab hinausreichende barocke Umgestaltung des Doms. Davon konnte er - zum Glück, wie man aus heutiger Sicht sagen muss - nur Teile verwirklichen. 1744 wurde Kochler abgesetzt, weil sich durch die Kosten für die von ihm in Auftrag gegebenen Kunstwerke hohe Schulden angehäuft hatten. Die in seiner Ära angebrachte Marmorverkleidung des Sarkophags wurde erst 1925 teilweise entfernt. Seit den damals durchgeführten Restaurierungsarbeiten sind die drei romanischen Säulenköpfe, die den Sarg tragen, wieder sichtbar und man kann - theoretisch - wieder unter dem Sarg durchkriechen.

Die Säulenköpfe sind kunsthistorisch gesehen hochinteressant. Zunächst ging man davon aus, dass es sich um zwei Frauendarstellungen (westlich und in der Mitte) und einen Männerkopf handelt. Die zwischendurch sogar als Hemma-Darstellung gedeutete mittlere Säule könnte aber auch einen Jüngling zeigen. Zudem gibt es Forscher, die bezweifeln, dass die Kunstwerke wirklich aus der Zeit der Errichtung des Doms im 12. Jahrhundert stammen. Sie vermuten, dass die Köpfe rund 300 Jahre später entstanden sind - in der Zeit, in der man die Heiligsprechung Hemmas mit allen Mitteln verfolgte. Die Säulen sollen absichtlich auf Romanisch getrimmt worden sein, um die lange Tradition der Verehrung der Wohltäterin zu beweisen.

Ebenfalls im Dunkeln liegt die Herkunft des sogenannten Hemmasteins im Gang östlich des Grabes. Er soll Wunder wirken und durch Fürbitte von Hemma die Wünsche der Menschen wahr werden lassen, die auf ihm Platz

nehmen. Bis zum Beginn des 17. Jahrhunderts stand der Brocken aus Chloritschiefer vor dem Gotteshaus. Der örtlichen Überlieferung nach soll er Hemma bei der Überwachung der Bauarbeiten als Sitzgelegenheit gedient haben. Das geht sich allerdings zeitlich nicht aus – die Gräfin war zu Baubeginn schon fast 100 Jahre tot.
In Wahrheit dürfte der Stein einen heidnischen Ursprung haben. Er könnte Überrest einer keltischen und später römischen Kultstätte sein. In der Legende, die vor allem die Gurker Bischöfe im Mittelalter verbreitet haben, liest sich das natürlich ganz anders. Demnach hat ein Gottesurteil darüber entschieden, wo die Kirche errichtet werden soll. Dabei wurde ein mit Baumaterial beladenes Ochsengespann durch das Gurktal getrieben. Die Tiere bestimmten den Standort des Doms, indem sie plötzlich stehen blieben.
Eine weitere Legende betrifft eine Statue im Marienaltar im nördlichen Seitengang der Krypta. Die *Madonna lactans* (Darstellung einer stillenden Maria) soll sich früher in Hemmas Besitz befunden haben. Tatsächlich dürfte sie um das Jahr 1200 entstanden sein. Ihre ursprüngliche Form hat sie Ende des 18. Jahrhunderts eingebüßt: Dem damals amtierenden Bischof war die Darstellung zu freizügig – er ließ die Statue überschnitzen. Aus der Brust, an der das Jesukind hing, wurde ein Faltenwurf des Kleides von Maria. Bei näherer Betrachtung lässt sich die ursprüngliche Gestaltung der Madonna gut nachvollziehen.
Historisch bemerkenswert ist die Tatsache, dass die Gurker Bischöfe Jahrhunderte auf die von ihnen angestrebte Heiligsprechung Hemmas warten mussten. Besonders bemühte man sich darum Ende des 15. Jahrhunderts. Aus dieser Zeit sind zahlreiche Zeugenaussagen über Wunder erhalten, die der zu diesem Zeitpunkt „nur" seligen Hemma zugeschrieben werden. Die Verehrung der Wohltäterin ging ungebrochen weiter. 1845 kamen zum Gedenken an ihren 800. Todestag rund 12 000 Pilger nach Gurk. Auf Initiative der Bischöfe von Gurk, Maribor und Ljubljana war es am 5. Jänner 1938 schließlich so weit: Hemma wurde von Papst Pius XI. heiliggesprochen.
1988 hat hier Johannes Paul II. gebetet – als einer von Tausenden Pilgern, die den Dom zu Gurk bis heute besuchen.

**Info**

Führungen durch den generell öffentlich zugänglichen Gurker Dom finden mehrmals täglich statt. Stift Gurk, Domplatz 11, 9342 Gurk, *www.dom-zu-gurk.at*

# EINER WEINGEGEND BEIM WACHSEN ZUSEHEN

32

## Der Kärntner Wein

Bei aller Globalisierung heutzutage noch Exotisches zu finden ist gar nicht leicht. Irrtum. Gleich vor der Haustür, über ganz Kärnten verteilt, gedeihen sie wieder, die Weintrauben ...

Wer sich dem Kärntner Wein nähert, wird unmittelbar mit der Geschichte konfrontiert. Wohl in keiner anderen Weingegend dieser Erde fragt man zunächst nach dem „Gründerdatum" des dortigen Weinbaus, in Kärnten schon. Nach wie vor scheint sich der Exot unter den österreichischen Weinen in einem Stadium zu befinden, wo er seine Daseinsberechtigung unter Beweis stellen muss. Das tut ihm, dem Kärntner Wein, aber ganz und gar unrecht.

Immer wieder wird also betont, wie weit seine Wurzeln zurückreichen ... doch selbst Experten sind sich im Unklaren darüber, ob er schon von den Römern hierzulande betrieben wurde oder doch erst ein klein wenig später, nämlich ab dem 9. Jahrhundert n. Chr., was zumindest amtlich verbürgt ist. Allerlei Mythen ranken sich um Entwicklung und Säure, Krankheiten und Anbaubedingungen. Einer der Pioniere des Weinbaus jüngeren Datums, Erwin Gartner, bemüht sich redlich, mit diesen aufzuräumen. Er hat schließlich in den 1970er-Jahren gemeinsam mit seinem Vater damit begonnen, das ursprünglich recht bedeutende Weinbaugebiet Lavanttal wieder ins Bewusstsein der Vinophilen zu bringen. So weiß man, unter anderem dank seiner Arbeit, dass es nicht die Reblaus, sondern der Mehltau war, und nicht unbedingt Kältezeiten, sondern wirtschaftliche Gründe waren, die den Weinbau einst zum Erliegen brachten. Fest steht, dass das aktuelle Klima dem Weinbau in Kärnten die besten Voraussetzungen bietet: Es gab aber auch schon Blütezeiten im Mittelalter, wo besonders der Klerus um Stifte und Klöster herum den hoch gehaltenen Messwein anbaute. Die weltlichen Schlossherren hingegen kultivierten ihre Weingärten aus Prestigegründen, sie waren einfach hübsch anzusehen.

Das dachte sich wahrscheinlich auch einer, der auszog, um die Geschichte wieder aufleben zu lassen und wohl um selbst in diese einzugehen – der

32

Ried Seewiese, Klagenfurt

Marcus Gruze und Uta Slamanig

Georgium

Großunternehmer Alfred Riedl hat es sich zur Aufgabe gemacht, dem Weinbau hierzulande so richtig Bedeutung zu verleihen. Dazu ließ er eine bewaldete Fläche im Ausmaß von 89 Hektar roden, auf der nun riesige Rebflächen entstanden sind. Der Nebeneffekt: Die Überreste der historisch interessanten Burg Taggenbrunn, mitten im Herzen Kärntens gelegen, sind nun wieder weithin sichtbar. Die aufwendigst instand gesetzte Anlage soll sukzessive der Öffentlichkeit zugänglich gemacht werden, unter anderem in Form einer Buschenschank inklusive Ausblick über höchst geschichtsträchtigen Boden.

Unweit davon, am malerischen Längsee, residiert Marcus Gruze, der nach Lehr- und Wanderjahren außerhalb seiner Heimat zurückkehrte, um hier im eigenen Weingut feinste Ökoweine zu keltern. Damit nicht genug, drückt er nun der Region mit seinem geschmackvollen Konzept von Bewirtung und Beherbergung im „Georgium" einen nachahmenswerten und zeitgeistigen Qualitätsstempel auf.

Insgesamt gibt es in Kärnten derzeit eine Anbaufläche von 120 Hektar und circa 190 Mitglieder des Weinbauverbandes Kärnten produzierten im Jahr 2015 rund 250 000 Flaschen Wein. Längst sind Kärntner Weine Träger der staatlichen Prüfnummer wie alle anderen österreichischen Qualitätsweine – und sogar beim großen Weinwettbewerb „Salon Österreich" sind mittlerweile einige Kärntner Weine unter den Nominierten. Von früheren Sünden, Ende 19./Anfang 20. Jahrhundert, als man höchstens saure „Heckenklescher" abfüllte, also keine Spur mehr.

So setzt man heute hauptsächlich auf die Burgundersorten Chardonnay, Weißburgunder oder Grauburgunder, aber auch auf Sauvignon Blanc, Traminer und Riesling. Bei den Rotweinen dominieren Zweigelt und Blauer Burgunder. Da aber in Kärnten wie anderswo der Trend in Richtung Bioweinbau geht, ist noch reichlich Spannendes zu erwarten: Wohlklingende Rebsortennamen wie Rösler, Cabernet Cortis, Muscat Bleu oder Donauriesling, Blütenmuskateller und Pinotin machen neugierig.

Wer sich aus allererster Hand Informationen zum Thema „Wein in Kärnten" holen möchte, ist an einem Ort bestens aufgehoben, der schon aus optischen Gründen einen Besuch wert ist: die sogenannte Ried Seewiese. Der Weingarten – 1,2 Hektar groß und mit etwa 3000 Rebstöcken bepflanzt – befindet sich im Besitz der Landeshauptstadt Klagenfurt und wird von einer Kooperative, den sogenannten Stadtwinzern, betrieben. Sie sind es auch, die auf diesem prachtvollen Südhang, in schönster Lage über dem Wörthersee thronend, Führungen anbieten, allen voran Horst Wild, der Präsident des Weinbauverbandes. Der Weingarten liegt übrigens am Wörthersee-

Rundwanderweg und kann zu Fuß vom „Plattenwirt", gleich beim Europapark, in circa 10 Minuten zu Fuß erreicht werden.

Wer von den guten Tropfen etwas probieren möchte, muss sich zu den Winzern selbst bzw. in ausgewählte Kärntner Gasthäuser begeben (z. B. Mitglieder von „Genussland Kärnten") oder sich ein paar Fläschchen mit nach Hause nehmen. Die Geschwindigkeit der Kärntner Gesetzgebung hinkt nämlich der Entwicklung des Weinbaugebietes hinterher: Noch hat man keinen Weg gefunden, Weinbuschenschänken ins Leben zu rufen. Es hapert am nicht erlaubten Zukauf von Produkten für die typische Jause ... Aber so ist es eben, wenn man heutzutage noch einem Weinbaugebiet beim Wachsen zusehen kann - und sicher ist, dass man bei jeder Flasche Kärntner Wein einer gehörigen Portion Idealismus, Leidenschaft und Herzblut begegnet.

Info

Weingartenführungen bieten zum Beispiel:
Weingut Georgium, Marcus Gruze & Uta Slamanig, Längseestraße 9, 9313 St. Georgen am Längsee, *www.georgium.at*
Weinbauverband Kärnten, Museumgasse 5, 9020 Klagenfurt, Horst Wild, Tel. 0676/82591360

Einkaufen:
Ab Hof; Onlineshop: *www.weinauskaernten.at*
Delikatessen Jäger, Radetzkystraße 38-40, 9020 Klagenfurt, *www.delijaeger.com*
Haus der Region, Getreidemarkt 3, 9400 Wolfsberg, *www.hausderregion.at*

# DER BAUCH DER STADT

## Benediktinermarkt, Klagenfurt

33

Freunde regionaler und frischer Lebensmittel sind im quirligen Markttreiben ganz in ihrem Element. Die Verkaufstische biegen sich insbesondere in der warmen Jahreszeit. Auge und Nase jubeln beim Durchflanieren. Der Gaumen darf dann beim Kosten mitreden.

Francesco, Willi, Boris, Ferdinand, Bruno, Josef, Bojan, Hans, Zsolt ... Dann natürlich Gertrude, Dragica, Barbara, Melitta, Roswitha, Angelika, Irmi ... und wie sie alle heißen. Wöchentlich mehrmals, selbst bei Wind und Wetter, sammeln sich Bauern, Händler und Verkäufer im Herzen Klagenfurts - und bauen dort am Benediktinermarkt frühmorgens, teils schon ab 4 Uhr, ihre Tische und Verkaufswägen auf. Circa 130 Anbieter sind es insgesamt, sie kommen aus Kärnten, Italien, Slowenien, auch aus Ungarn oder der Steiermark. In ihren Lieferfahrzeugen und Anhängern bringen sie bunte Fuhren an Köstlichkeiten von Fleisch bis Gemüse, von Blumen bis Wein.
Auf dem Benediktinerplatz und in den angrenzenden Straßenzügen von Lidmanskygasse und Kaufmanngasse sind das ganze Jahr über jede Woche am Donnerstag und Samstag Markttage, und dies seit 1948. Außerdem gibt es freitags in der Kaufmanngasse den Biomarkt. In einer kleinen Halle und bei einer Vielzahl an fixen Ständen rund um den Platz selbst kann man täglich (außer sonntags) einkaufen und konsumieren. Besonders beliebt sind zur Mittagszeit jene Stände, die warme Speisen anbieten: Kulinarisch geht dann die Post ab, die Auswahl reicht von deftiger Kärntner Hausmannskost wie Ritschert, Kasnudeln und Selchwurst bis hin zu edler Saisonküche mit Flusskrebssüppchen, Wollschweinsteak und Maroni-Tiramisu. Für den schnellen Vitaminkick gibt es unter anderem in der nordseitigen Halle frisch gepresste Säfte aus Obst und Gemüse in allen Varianten („mit oder ohne Ingwer?"), mehrere Konditoreien am Platz bieten hausgemachte Mehlspeisen und Kaffee an.



An den Markttagen herrscht unter den bunten Markisen oft regelrechtes Getümmel, bis zu 6000 Besucher bevölkern dann die Wege zwischen den Ständen - pro Tag. Besonders die festlichen Höhepunkte im Jahr wie Weihnachten oder Ostern bringen mit sich, dass man früh aufstehen muss, um

33

Allgemeine

Marktordnung

für die

Hauptstadt Klagenfurt

im

Herzogthum Kärnten

Erster Abschnitt.

Von den Marktplätzen.

Jedem Erzeuger ohne Unterschied stehet es frey, seine Erzeugnisse nicht nur allein an den bestimmten Wochenmarkttägen, sondern auch an jedem andern Werktage zum Verkaufe nach der Hauptstadt Klagenfurt zu bringen, und mit Beobachtung gegenwärtiger Vorschrift zu verkaufen, so wie, an den dazu bestimmten Marktplätzen, so lange er will, zu verbleiben;

Diese Verkaufsplätze für die verschiedenen Gattungen der Erzeugnisse sind folgende:

A

genau das zu ergattern, was auf der Einkaufsliste steht. Dann herrscht ein Griss um frische Gänse und Truthähne oder Weihnachtsbäckerei beziehungsweise kunstvolle Palmbuschen und duftende Osterreinlinge.
Aber das Schönste ist wohl, wenn sich im Frühling die Gastgärten auf der Sonnenseite des Platzkarrees füllen. Wenn der erste - Kärntner - Spargel aufgetürmt wird, gemeinsam mit Röhrlsalat und Erdbeeren frohlockt. Oder im Hochsommer die Auswahl so groß ist, dass der Korb nichts mehr fasst: Eierschwammerl und Strankerl, Spitzkraut und Tomaten in Rot, Gelb und Violett ... oder Lamm und „Kärntner Låxn".
Auf die beiden Wahrzeichen des Marktplatzes schaut allerdings kaum einer, der auf der Suche nach dem Besten und Frischesten ist: Die Statue des Fischers, der einer Sage nach zu Stein geworden sein soll, weil er es mit der Waage nicht so genau nahm, stammt aus 1606 und wurde aus Kreuzberglschiefer gehauen. Gleich daneben befindet sich das sogenannte Marktrichterschwert, ein Rechtsdenkmal aus dem 18. Jahrhundert und „Symbol für Marktordnung und Marktfreiheit" samt würfelförmiger Uhr obenauf und einer digitalen Temperaturanzeige.
Für die Einheimischen ist das Einkaufen auf dem Markt, der sich längst zu einem Alpen-Adria-Hotspot entwickelt hat, ein regelmäßiger Fixpunkt. Der Klagenfurter Benediktinermarkt ist so etwas wie das Wohnzimmer, ja, der Bauch der Stadt. Und so kommen viele der Kunden und Gäste sogar von weither, um das mitzuerleben, was alle spüren: Echte Nachbarschaft findet hier statt, denn der Genuss kennt keine Grenzen und verbindet die Menschen. Schließlich geht es nicht nur darum, den Kühlschrank zu Hause zu füllen, es geht vielmehr um den Kontakt mit den Bauern, Produzenten und Händlern, es geht ums persönliche Gespräch, auch um den Austausch von Rezepten. Nicht selten mündet der Markttag in einer geselligen Runde dort, wo Wein - aus Italien, Slowenien und Österreich - ausgeschenkt wird. Dabei ist Traubenbildung vor dem jeweiligen Stand nicht ausgeschlossen ... Und schon so mancher Marktbesucher musste nach getätigtem Einkauf und Verlängerungszeit bei einem Achterl danach trachten, schnellstmöglich dem eilig vorbeibrausenden Kehrwagen auszuweichen, der stets pünktlich seine Runden durch die Gassen und über den Platz zieht. Marktschluss heißt eben noch lange nicht, dass Sperrstund ist.

Steinerner Fischer

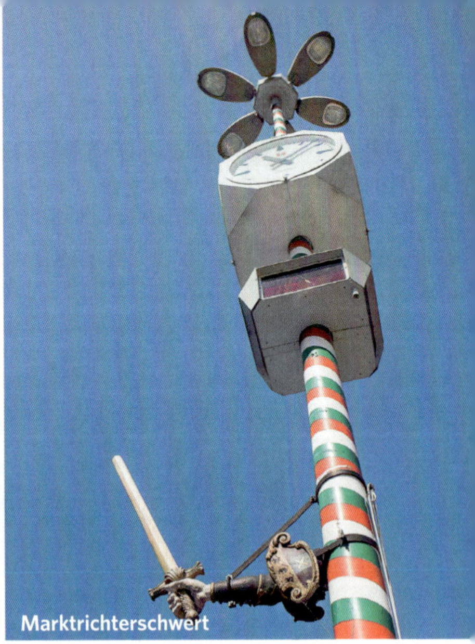

Marktrichterschwert

Eine kleine (!) Auswahl der angebotenen Produkte:

Brot und Gebäck von Biobäckern
Essige aus bäuerlicher Erzeugung (Weinbirnenessig, Apfelessig etc.)
Fisch (Süßwasser und Meer)
Frischfleisch und Geflügel (auch Hase, Zicklein, Ente etc.)
Glundner Käse
Obst und Gemüse (heimisch, aber auch aus Sizilien, Kalabrien, Ungarn)
Kärntner Nudeln
Käse, Joghurt, Topfen (Kuh/Schaf/Ziege)
Korbwaren
Kräuter (frisch und getrocknet), Kräutertees
Mehle (Mais, Dinkel, Roggen etc.) und andere Getreideprodukte
Reinling, Potizen, Strudel & Co.
Öle (Leinöl, Hanföl, Sonnenblumenöl, Kürbiskernöl, Olivenöl)
Kärntner Rosen und Gartenschnittblumen
Selchwaren (Würste, Schinken, Speck etc.)
Spezialitäten aus Italien, Slowenien, Ungarn, Holland
Wachteleier
Wildfleisch (aus Kärntner Revieren)

Info

Benediktinermarkt: Öffnungszeiten Donnerstag und Samstag von 6 bis 13.30 Uhr; Halle: 6.30 bis 18 Uhr (Mittwoch bis 13.45 Uhr); Biomarkt: Freitag 6 bis 13.30 Uhr.
In Klagenfurt gibt es weitere Märkte in den Stadtteilen Waidmannsdorf (Mi u. Sa 6–13 Uhr) sowie Viktring (Fr 6–13 Uhr).

# FARBENFROHE OFFENBARUNG

## Apokalypsekapelle/Stadtpfarrkirche St. Egid, Klagenfurt

34

Ein künstlerisches Kleinod überrascht die Besucher der Stadtpfarrkirche, ein wenig versteckt offenbart es sich nur dem Suchenden.

Die barocke Emporenkirche des heiligen Ägidius, eher schlicht und fast etwas düster wirkend, vielleicht liegt es auch am Wetter draußen, empfängt ihre Besucher wie auf einer Insel der Stille, mitten im historischen Zentrum Klagenfurts. Draußen rauschen Autos und eilen Fußgänger vorbei, die mächtige Kirchentür schließt sich. Rechts vor dem Hauptaltar liegt die Südkapelle, eine schlichte braune Tür ist der einzige Hinweis, aber dort wartet schon der „Guide": Donnerstags, freitags und samstags gibt es um 11.30 Uhr eine Führung, für Gruppen auch außerhalb dieser Zeiten. Krack, krack, es wird aufgesperrt, die Lichter im Inneren werden nach und nach eingeschaltet. Man späht nach drinnen – und schon der erste Anblick ist eine Offenbarung in Türkis und Königsblau, in Gold, Orange und Feuerrot. Die Fuchskapelle – oder Apokalypsekapelle, wie sie offiziell heißt –, gestaltet vom 2015 verstorbenen österreichischen Maler und Vertreter des Phantastischen Realismus Ernst Fuchs, ist eine künstlerische Darstellung der „Offenbarung des Johannes", des letzten Buches des Neuen Testaments.

Der „Universalkünstler" (* 1930), er hatte sich auch als Architekt, Bildhauer und Komponist einen Namen gemacht, schuf sich in einer Arbeit von 20 Jahren ein Lebenswerk: Schon 1987 hatte Monsignore Markus Mairitsch, philosphischer Stadtpfarrer von Klagenfurt, die Vision, einen Raum der Kirche zu einem bestimmten Thema künstlerisch gestalten zu lassen. Ab 1990 konnte schließlich die Arbeit beginnen – der Malerfürst hatte sich bereit erklärt, kostenlos zu arbeiten. Damit die Szenen möglichst authentisch und fachlich fundiert dargestellt werden konnten, ließ sich Fuchs während der Arbeit von einem Theologen die entsprechenden Texte vorlesen.

Wenn man sich die Zeit nimmt, die Führung dauert immerhin fast eine Stunde, und unter fachkundiger Information die Motive betrachtet, hat die „Apokalypse" nichts Bedrohliches hier, obwohl schon Mahnendes und

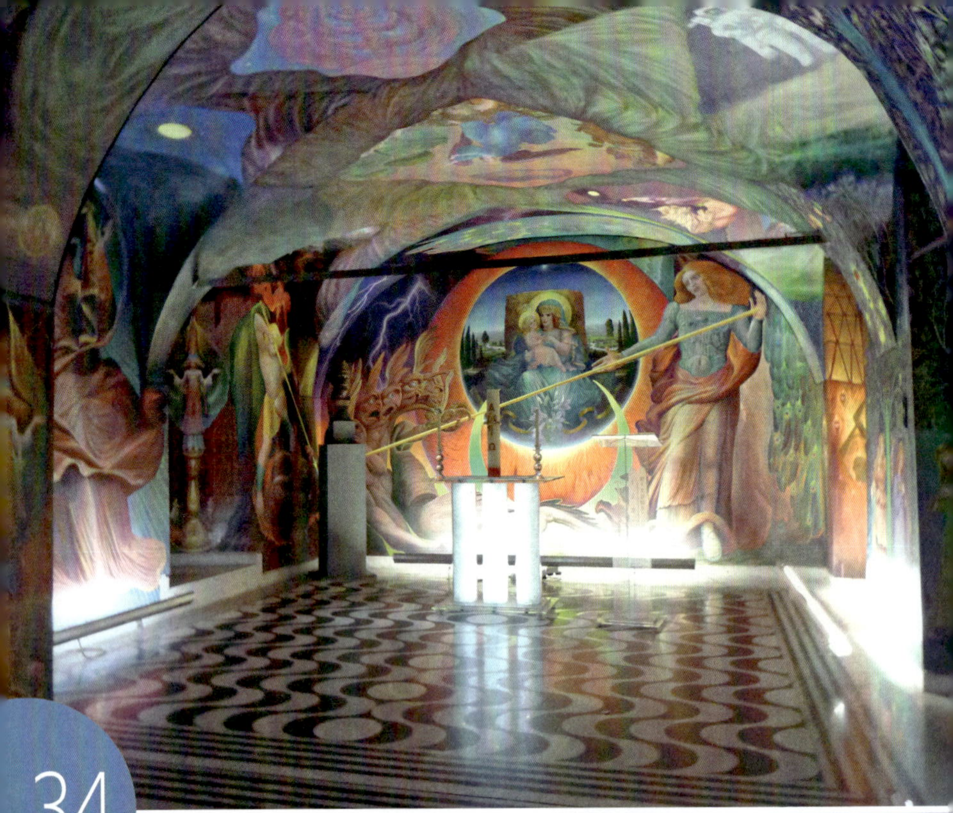

34

heute noch Gültiges - doch eigentlich sollte sie Trost- und Hoffnungsbuch (für verfolgte Christen) sein. Die vielfältigen Themen des Johannes wurden von Fuchs in teils ineinanderfließenden Bildern verewigt, mitunter surrealistisch verfremdet. Es begegnen einander siebenköpfige Drachen und Astronauten, Silikonbusige und eine ebenmäßige, jungfräuliche Madonna mit dem Kind. Dann und wann mischt sich ein friedliches Füchslein in die Bilderwelt, kein Zufall vielleicht, handelt es sich doch um die Szene „Paradies". Aber auch unmittelbar verewigt wurde der Künstler in Form einer Büste sowie anderer, kleinerer Darstellungen an zwei von einem seiner Schüler kunstvoll bemalten Türen.

Zartes melodisches Geläut erklingt durch die Stimme des Vortrags hindurch - das Glockenspiel an der Südseite der Kirche, das zu jeder vollen Stunde draußen zu sehen und hören ist.

Wer sich vom Zauber dieser Kapelle wieder befreien, aber noch nicht in die Niederungen des Lebens zurückkehren möchte, hat natürlich noch die Möglichkeit, in der Kirche selbst zu verweilen oder den Turm der Stadtpfarrkirche zu besteigen: in 50 Meter Höhe und nach Erklimmen von 225 Stufen hat man die sogenannte Türmergalerie erreicht und damit einen wunderbaren Blick über die gesamte Stadt und bis hin zu den Karawanken oder zum Wörthersee. Und ein aufmerksamer Betrachter wird noch viele, viele weitere Kirchtürme in unterschiedlichster architektonischer Ausprägung bemerken, immerhin verfügt Klagenfurt über zwanzig katholische und zwei evangelische Pfarren.

Nach all der Einkehr eine kleine Stärkung gefällig? Gleich ein paar Schritte weiter warten die geheiligten Räume des „Bierhauses zum Augustin", beinahe ein Pflichtprogramm an dieser Stelle: eine legendäre und klassische Institution der Bierkultur mitsamt eigens gebrautem Hausbier und bodenständiger Kulinarik - vom traditionellen Kärntner Ritschert über Gulasch bis hin zu bunten Bierbroten oder Topfenplattln.

Info

Infos zu Fuchskapelle, Turmbesichtigungen: Stadtpfarre St. Egid, Pfarrhofgasse 4, 9020 Klagenfurt, Tel. 0463/511308
Bierhaus zum Augustin, Pfarrhofgasse 2, 9020 Klagenfurt, Tel. 0463/513992

# FRIEDE, FREUDE ... SPENDENKUCHEN

35

## Altstadtzauber, Klagenfurt

Die „Stadtrichter zu Clagenfurth" sorgen für zwei gesellschaftliche Highlights im Klagenfurter Jahresreigen, gleich zu Jahresbeginn, vor allem aber im Sommer.

Der Hochsommer hat in Klagenfurt am Wörthersee einen besonderen Stellenwert. Oberstes ungeschriebenes Gesetz ist nämlich, die Stadt an heißen Tagen so früh wie möglich Richtung See bzw. Strandbäder zu verlassen, um dort dem Schwimmen und dem Sonnenbaden zu frönen. Und dennoch gibt es zumindest ein Wochenende im Kärntner Sommer, das im Kalender fix für die Klagenfurter Altstadt reserviert ist. Dann tummeln sich bis zu 100 000 Besucher in ihren Gassen und Straßen. Der „Altstadtzauber", das stimmungsvolle Fest, das seit 1994 alljährlich stattfindet, ist ein einmaliges Familienereignis im Alpen-Adria-Raum. Zwei Tage (und Nächte) lang wird im August flaniert und gefeiert. Ganz nach dem Motto: Zeit zum Schlafen ist ein andermal. Kleinkünstler wie Jongleure, Drehorgelspieler, Zauberer oder Pantomimen posieren und agieren zur Freude der Menschentrauben rundum. In unzähligen Winkeln und auf allen möglichen Plätzen der Altstadt gibt es Musik für verwöhnte Ohren - von Pop und Rock bis hin zu Soul, Jazz und Blues - teils von österreichischen, teils von internationalen Künstlern. Vom Kleinkind bis zum Opa sind hier alle gut aufgehoben.
Ein Highlight dieses Wochenendes ist außerdem der riesige Flohmarkt, der sich durch einige Straßen zieht und als der größte Österreichs gilt. Spezielles Flair ist garantiert: für Schatzsucher und Vintageliebhaber, für Sparefrohs und Profitandler der ideale Schauplatz, um verzaubert zu werden.
Hungrig und durstig wird außerdem niemand von diesem Fest nach Hause gehen - an die fünfzig „zauberhafte Wirte" sorgen für die passende Stärkung. Da kann es schon einmal turbulent zugehen, Sitzplätze sind naturgemäß begehrt und knapp, notfalls wird noch enger zusammengerückt. Und beim Kärntnerisch-Reden kommen schließlich die Leut z'samm ... Geselligkeit ist an diesen Tagen Trumpf!
Der „Altstadtzauber" zeichnet sich übrigens auch dadurch aus, dass er stets friedlich verläuft, im Gegensatz zu so manch anderem Volksfest dieser Größe. Und dass der Eintritt frei ist. Allerdings, eine Sache ist da schon

HOTEL

noch: Wer sich dem Festgelände, also der Innenstadt, nähert, muss erst freundliche Herren in anmutigen historischen Gewändern passieren, die sogenannten Stadtrichter zu Clagenfurth. Sie sind die Organisatoren des Gaudiums und arbeiten allesamt ehrenamtlich. Dafür bitten sie um einen (freiwilligen) Obolus, der in Summe einen recht ansehnlichen Betrag ausmacht und jedes Jahr für karitative Zwecke gespendet wird.

Überhaupt sind die Stadtrichter ein umtriebiges Völkchen, das etwa aus dem Kanzler und dem Burggrafen, dem Schreiber und dem Hofmarschall besteht, die in ihren Hauptberufen unterschiedlichster ehrenwerter Herkunft sind. Hatten die Stadtrichter ursprünglich, zur - zweiten - Gründung der Stadt im Jahr 1518, die Aufgabe, über die Rechtsprechung zu wachen, so hat sich in den 1960er-Jahren erstmals eine Gruppe angesehener Bürger nach dem Vorbild ihrer historischen Vorgänger zusammengefunden, um die Kärntner Landeshauptstadt gesellschaftlich zu beleben. Villach hat es mit dem Fasching vorgezeigt, keine Frage - aber auch die Klagenfurter haben Humor: Seit 1970 stellen die Stadtrichter, wieder ehrenamtlich, in der närrischen Zeit eine beliebte und viel besuchte Veranstaltungsreihe auf die Beine, die sich „Stadtgerücht" nennt und die Funktion von Faschingssitzungen hat. Das heißt, Laiendarsteller ziehen in meist bissig-pointierter Weise lokale und überregionale Persönlichkeiten, aktuelle Ereignisse und politische Machenschaften durch den Kakao ... Zugunsten der Volksseelenhygiene sozusagen. Und anscheinend so wohltuend, dass auf die Frage, was denn eine Kärntnerin (!) alles tun muss, um „echt" zu sein, schon die Antwort kommen kann: Ein Mal im Leben einen Stadtrichter küssen.



**Info**

Termine, Aktivitäten, Protagonisten:
Altstadtzauber - *www.stadtrichter.at/altstadtzauber*
Stadtgerücht - *www.stadtrichter.at/stadtgeruecht*

# DAS EWIGE DUELL

## Kärntner Eishockey-Derby, Klagenfurt und Villach

36

Spitzensport hat in Kärnten einen Namen: Eishockey. Und wenn da die beiden Kärntner Klubs KAC und VSV aufeinandertreffen, kennt die Begeisterung – natürlich immer nur für die eigene Mannschaft – keine Grenzen.

Wehe, wenn sie ins Schwärmen geraten! Sportreporter gelten seit jeher als besonders sprachgewaltig. Sie sind die Brachial-Lyriker unter den Journalisten und beim Formulieren immer auf dem dünnen Eis unterwegs, das sie direkt in die Herzen ihrer Leser oder Hörer segeln lässt, aber auch genauso schnell als Negativbeispiel in den Deutschunterricht im Gymnasium. Wenn die Emotionen in der Arena überkochen, werden Sätze wie der folgende herausgedampft: „So ein Tag, so spannend wie heute." Und dann ist – zumindest in Kärnten – die Rede vom Match der Matches, dem Kampf der Giganten, dem ewigen Duell: von einer Begegnung der lokalen Eishockey-Rivalen EC KAC (Klagenfurt) und EC VSV (Villach).
Das „Kärntner Derby" hat längst einen eigenen Eintrag im Onlinelexikon Wikipedia. Es gilt als interessantestes und ältestes Duell im österreichischen Eishockey. 1929 trafen die Mannschaften der in anderen Bereichen ebenfalls (meist augenzwinkernd) konkurrierenden Städte erstmals aufeinander, damals gewann der VSV 3:1. Eine richtige Derby-Statistik gibt es seit 1950. Sie wird im Internet von einem Fan geführt, der – dem Sieg im Ur-Derby entsprechend – eher zum VSV tendiert. Der gebürtige Villacher Stefan Brandstätter betreibt seit 2004 die Internetseite *www.kaerntner-derby-info.* Statistische Informationen über die Begegnungen der Kärntner Eishockeyklubs hat er schon als Fünfjähriger, damals noch ganz klassisch auf Papier, gesammelt.
Brandstätters „ewige Derby-Bilanz" (Stand Sommerpause 2016) sieht bei insgesamt 313 Begegnungen von KAC und VSV derzeit den KAC mit seinen 157 Siegen voran. Die Villacher kamen auf 137. 19 Mal endete ein Derby unentschieden. Die Torschützenstatistik führt völker- und hier vor allem städteverbindend ein Legionär aus Kanada an, der sowohl für die Klagenfurter als auch für die Villacher spielte. Edward „Eddy" Lebbler schoss zwischen 1982 und 1992 insgesamt 69 Derby-Tore, 56 für den KAC, 13 für den VSV.

Freiluftderby im Stadion

Eine Sonderstellung im Faninteresse nehmen die Freiluftderbys ein. Sie fanden bisher zwei Mal im Klagenfurter Wörthersee-Stadion statt, dessen Fußballrasen eigens für diese Anlässe zur Eisfläche umgebaut wurde. Jeweils rund 30 000 Zuschauer verfolgten die Open-Air-Veranstaltungen im Jänner 2010 und Jänner 2015, die beide mit einem Sieg des VSV endeten (2010 3:1, 2015 4:1). Villacher Fans titulieren ihren Klub deshalb gerne als Freiluftderby-Sieger, während der KAC nicht müde wird, sich Rekordmeister (30 Meistertitel; der VSV kommt auf 6) zu nennen.
Grundsätzlich sind Klagenfurter KAC- und Villacher VSV-Fans, wobei (ganz wenige) Ausnahmen diese Regel bestätigen. In den anderen Regionen tendiert man - je nach geografischer Nähe - zu beiden Klubs, wobei im Zentralraum um St. Veit der KAC traditionell mehr „zieht". Eishockey-Derbys sind - egal ob in der Klagenfurter Stadthalle (sie fasst rund 5000 Zuschauer) oder in der Villacher (4500 Zuschauer) - immer so gut wie ausverkauft. Deshalb sollte man sich rechtzeitig um Karten bemühen! Belohnt werden sogar nicht besonders Eishockey-affine Zuschauer mit einem Farbenrausch aus Rot-Weiß (KAC) und Blau-Weiß (VSV), eine Stimmung, die man zumindest einmal erlebt haben muss.
In die Materie „einhören" kann man sich im ORF-Radio. Das Eishockeymagazin, seit Jahrzehnten die beliebteste Sendung von Radio Kärnten, berichtet live von allen Spielen der Kärntner Klubs. Zu Derbys schickt man im Sinne der öffentlich-rechtlichen Fairness zwei Reporter: Einer kommentiert das Geschehen auf dem Eis aus der Sicht des KAC, einer aus der Sicht des VSV. Und beide in einer atemberaubenden Geschwindigkeit, über die man als Laie, der größte Probleme hat, dem schnellen kleinen Puck auf der riesigen Eisfläche zu folgen, nur staunen kann. Eishockey ist ein Sport, der sogar von den Zuschauern höchste Konzentration verlangt. Das Pausenbier im Becher (gespielt wird dankenswerterweise in Dritteln, weshalb es zwei Pausen und deshalb zwei Bier gibt) hat man sich auch als Fan stets mehr als verdient.

**Info**

Alles über die Kärntner Eishockey-Derbys: *www.kaerntnerderby.info*
Tickets für die jeweiligen Heimspiel sind, wenn man sich rechtzeitig darum kümmert, bei den Klubs erhältlich: *www.kac.at* und *www.ecvsv.at*

# WO BACHMANN AUF MUSIL TRIFFT

37

## Robert-Musil-Literaturmuseum, Klagenfurt

Die künstlerische Dichte ist in Kärnten traditionell hoch, große Künstler aus Vergangenheit und Gegenwart und ihre Werke sind allerorts anzutreffen, auch im öffentlichen Raum. So etwa, wenn man nach Klagenfurt mit dem Zug anreist.

Klagenfurt am Wörthersee ist keine Endstation. Trotzdem: Aussteigen, bitte! Das Ankommen am Hauptbahnhof der Landeshauptstadt kann Grund für vielerlei Freuden sein. Zum Beispiel, weil man hierher auf Urlaub oder auch nach Hause kommt. Gleichzeitig bieten der Bahnhof selbst und seine unmittelbare Umgebung ein besonderes Willkommen. Denn schon das Innere der Haupthalle offenbart Kunstinteressierten und allen, die bisher vielleicht achtlos vorbeigeeilt sind, Spektakuläres. Zu beiden Seiten der Rolltreppen befinden sich mächtige, circa 220 Quadratmeter messende Wandfresken des Kärntner Künstlers Giselbert Hoke (1927–2015). Waren die Malereien zum Zeitpunkt ihrer Enthüllung im Jahr 1956 ein Skandal, weil die Bevölkerung mit dieser Art von Kunst nichts anfangen konnte, so wurde ihnen im Zuge der Bahnhofsneugestaltung Anfang der 2000er-Jahre endlich Ehre zuteil: Fachgerecht restauriert und ins rechte Licht gerückt stellen sie wohl eines der größten öffentlichen Kunstwerke Kärntens und – laut Bundesdenkmalamt – ein „bedeutendes Beispiel der österreichischen Monumentalmalerei nach 1945" dar.
Verlässt man den Bahnhof beim Hauptausgang, betritt man gemäß blauem ÖBB-Wegweiser den „Walter-von-der-Vogelweide-Platz" und ist damit schon auf der richtigen Spur – zur Literatur. Sogleich wird man von einem hochkarätigen Empfangskomitee begrüßt: Christine Lavant, Ingeborg Bachmann und Robert Musil. Ja, sie erwarten einen in Form von imposanten Graffiti-Porträts auf der Fassade des schräg gegenüberliegenden sogenannten Musilhauses. Die auffälligen Köpfe in Schwarz-Weiß stammen vom französischen Starsprayer Jef Aérosol und wurden dort 2010 im Rahmen der Neueröffnung des erweiterten „Robert-Musil-Literaturmuseums" hochoffiziell angebracht.
Das Gebäude, in dem der Schriftsteller Robert Musil (1880–1942) geboren wurde, befindet sich im Eigentum der Stadt und beherbergt seit 1997 eben

Christine Lavant

Lavants Arbeits- und Wohnzimmer

Bachmann-Installation

das Museum sowie das zur Universität Klagenfurt gehörende Robert-Musil-Institut für Literaturforschung, das Literaturarchiv sowie eine Spezialbibliothek. Die kostenfrei und im wahrsten Sinne niederschwellig zugängliche Literaturlounge wird von Touristen nur allzu gerne als „inoffizielles Informationsbüro" auf dem Weg in die Stadt genützt - da ist ein Trolley im Schlepptau kein Hindernis. Und speziell bei Abreisenden gilt sie als die „schönste Bahnhofswartehalle Österreichs", erzählt der Leiter des Museums und Kurator Heimo Strempfl mit einem Augenzwinkern.

Ihm ist wichtig, die Genres zu verknüpfen, das gewählte Motto lautet daher „Literatur macht möglich". In der Tat: Moderne Installation, Malerei oder Fotografie in den temporären Ausstellungen treffen auf sehenswerte Exponate zu den Großen der Kärntner Literatur mit nationalem „Kulturgut-Status". So beeindrucken im ebenerdig gelegenen Museum etwa die ledernen Reisekoffer der Familie Musil, die Kindheitsfotos von Ingeborg Bachmann (*1926 Klagenfurt, †1973 Rom) oder das Wohn- und Arbeitszimmermobiliar der Christine Lavant (*1915 St. Stefan, †1973 Wolfsberg).

Das Besondere dieses Ortes, der im Jahr zwischen 5000 und 6000 Besucher anzieht, ist aber auch die lebendige Reise in die Gegenwart - sozusagen Literatur zum Angreifen. Die Chance ist groß, debütierende und arrivierte Autoren persönlich zu treffen. Einerseits bei den Lesungen während des ganzen Jahres, andererseits durch die „Brückenfunktion" des Hauses zum Bachmannpreis: Seit 1997 findet in dessen Vorfeld der „Klagenfurter Literaturkurs" statt, bei dem sich Jungschriftsteller ihre ersten Meriten holen können. Darunter heutige Erfolgsautoren wie Bov Bjerg, der 2001 dabei war, oder Jo Lendle (1997), mittlerweile Chef des renommierten deutschen Hanser Verlags. Und ein Mal im Jahr, Ende Juni, wird Klagenfurt, die kleine Fast-Großstadt mit ihren knapp 100 000 Einwohnern, der Nabel der Literaturszene: wenn im ORF-Theater die „Tage der deutschsprachigen Literatur" und das Lesen um den legendären „Ingeborg-Bachmann-Preis" stattfinden. Dieser gilt als höchstdotierter Preis für deutschsprachige Gegenwartsliteratur und wird seit 1977 von der Stadt Klagenfurt vergeben - und zwar stets unter riesigem medialem Rummel. Der ORF und 3sat übertragen die mehrtägige Veranstaltung live, auf sämtlichen Social-Media-Plattformen wird von Journalisten, Verlagsmenschen, Jurymitgliedern und anderen Interessierten heftigst gepostet, geteilt und getwittert ...

Wer jetzt so richtig Muße hat, kann sich am Ende seines Besuchs im Musilmuseum ganz unkompliziert ein Buch aus der kleinen freien Bibliothek nehmen und in der Literaturlounge oder im benachbarten Kaffeehaus die Schwingungen der Kunst nach- und ausklingen lassen.

Hier treffen sich Ingeborg Bachmann und Robert Musil.

Info

Robert-Musil-Literaturmuseum, Bahnhofstraße 50, 9020 Klagenfurt, *www.musilmuseum.at*. Geöffnet von Montag bis Freitag von 10 bis 17 Uhr. Samstag/Sonntag/Feiertag geschlossen. Museumseintritt: 2,50 €. Weitere Informationen: *http://bachmannpreis.orf.at/*
Vor dem Musilhaus gibt es, bahnhofseitig, das Café Robert Musil mit Gastgarten. Für Liebhaber von Bahnhofsatmosphäre gehört sich auch ein Besuch in der „Reste“, dem Klagenfurter Bahnhofsrestaurant, mit Tischen direkt am Bahnsteig.

# 38 EINKAUFEN WIE FRÜHER EINMAL

## Wiesenmarkt, St. Veit/Glan und Bleiburg

Mehr als Volksfeste: Auf den Wiesenmärkten kaufte die Landbevölkerung früher gleich einen Jahresbedarf an Kleidung, Geschirr und Werkzeug. Manche Angebote sind bis heute unschlagbar.

Nicht umsonst steckt im schönen Wort „Gebrauchsgegenstände" auch der „Brauch". In jeden Kärntner Haushalt gehören Dinge, die Tradition haben. Und die kauft man nicht in Shoppingcentern oder gar im Internet, sondern dort, wo sie schon Oma und Opa, Uroma und Uropa und die Generationen vor ihnen gekauft haben: auf einem traditionellen Jahrmarkt. Nur dort gibt's die echten Emailkochtöpfe (gemeint ist der „Schmelzüberzug" und nicht der elektronische Nachrichteneintopf), die warmen langen Unterhosen für den nächsten kalten Winter und die, weil es sich im 21. Jahrhundert so gehört, natürlich auch für Männer „tragbaren" Kittelschürzen, die vor allem durch ihr ebenso zeit- wie geschmackloses Muster bestechen.
Die schönsten, weil urigsten Krämermärkte findet man am St. Veiter und am Bleiburger Wiesenmarkt. Ersterer ist durch die zentralere Lage der Stadt der größere und länger dauernde. Er wird seit 1362 abgehalten und beginnt traditionell am letzten Samstag im September. Bis in die 1960er-Jahre dauerte er 17 Tage, heute sind es immerhin noch 10. Ganz St. Veit trifft sich in dieser Zeit auf der Wiesn, einem 5 Hektar großen Areal in Zentrumsnähe, das vor Jahrzehnten als Rennbahn genutzt wurde und deshalb Rennbahngelände heißt. Viele Gastronomiebetriebe aus der Umgebung verlagern ihren Standort während des Wiesenmarktes in die Zelte und Holzhütten, die hier neben den Fahrgeschäften des Vergnügungsparks aufgebaut werden. Früher galt die Regel: Wer in einem Gasthaus der Stadt anschreiben lässt (Schulden macht), muss diese bis zum Beginn des Wiesenmarkts begleichen, denn dann hat das „stationäre" Lokal zu.
Der Krämermarkt findet an den beiden „verlängerten" Wiesenmarkt-Wochenenden statt. Unter den mehr als 200 Fieranten aus dem gesamten Alpen-Adria-Raum sind traditionell zahlreiche Unternehmer aus der Stadt, die – wie die Gastronomen – ihr Geschäft einfach kurzerhand auf die Wiesn verlagern. Früher wurde hier auch Vieh gehandelt, in bar natürlich. Manche

38

„Herold“ bei der Eröffnung

Krämermarkt

Bauern hatten die Taschen dann im wahrsten Sinn des Wortes voller Geld, doch nicht immer fanden die dicken Bündel den Weg nach Hause. Denn auf dem Wiesenmarkt wurde auch gekegelt. Um Geld. Manche verspielten auf den Sandkegelbahnen Haus und Hof, später wechselte hier das eine oder andere Auto den Besitzer. Als die Stadt - sie ist der offizielle Veranstalter des Wiesenmarktes - das Glücksspiel mit dem Hinweis, dass es hier um Existenzen gehe, Ende des 20. Jahrhunderts vom Gelände verbannte, hagelte es Proteste. Seit 2002 werden die Kegel wieder aufgestellt. Der Verein „Schaubude" führt die Tradition auf seiner Alternativ-Wiesn im Süden des Geländes fort.

Einige Jahre jünger als der St. Veiter ist der viertägige Bleiburger Wiesenmarkt. Er wird seit 1393 immer an einem Wochenende um den Tag des hl. Ägydius (1. September) abgehalten. In den Anfangsjahren wurde noch innerhalb der Stadtmauern gehandelt und wohl auch gegessen und getrunken, dann brauchte man Platz für immer mehr Händler. Bis heute findet der Wiesenmarkt - er ist längst das größte Volksfest in Südkärnten - deshalb auf einer großen Wiese im Norden der Ortschaft statt. Verkauft wird nach wie vor alles, was man im Haushalt braucht. Die Vielfalt hat Tradition: Der Wiesenmarkt war einst für viele Menschen in der doch eher entlegenen Gegend die einzige Möglichkeit, gewisse Waren zu kaufen. Deshalb deckte man sich bei solchen Anlässen gleich mit einem Jahresbedarf an Kleidung, Geschirr und Werkzeug ein.

Apropos Kleidung: Die sollte bei einem Wiesenmarktbesuch - egal ob in St. Veit oder Bleiburg - wetterfest sein. Hat es nämlich kurz vorher geregnet, wird gutes und vor allem wasserdichtes Schuhwerk empfohlen. Zur Not kann man Gummistiefel aber auch vor Ort erstehen.

Info

St. Veiter Wiesenmarkt: Beginn am letzten Samstag im September,
146 Dauer: 10 Tage. *www.wiesenmarkt.at*
Bleiburger Wiesenmarkt: an einem Wochenende um den Tag des hl. Ägydius (1. September), Dauer: 4 Tage. *www.bleiburgerwiesenmarkt.at*

# STEIN AUF STEIN

## Burgbau, Friesach

39

In Friesach wird ohne Maschinen, aber mit viel Herz und Hirn eine Burg gebaut. Es geht - mit voller Absicht - zu wie im Mittelalter.

Jeder hat schon einmal eine Burg gebaut. Aus Sand, Lego oder Holzbausteinen war sie schnell aufgestellt, hielt aber meist nicht lange. In Friesach geht man den umgekehrten Weg. Dort wird seit 2009 an einer echten Burg gebaut, deren Errichtung Jahrzehnte dauern wird und am Ende ein Werk für die Jahrhunderte sein soll. Gearbeitet wird dabei wie früher. Zum Einsatz kommen ausschließlich mittelalterliche Techniken.

Das rund 4000 Quadratmeter große Areal ist ein in Österreich einzigartiges Labor für Experimentalgeschichte. Im Mittelpunkt steht nicht die Burg, von der noch wenig zu sehen ist, sondern die Baustelle. „Schließen Sie die Augen und hören Sie genau hin", fordert Historikerin Susanne Ruhdorfer die Besucher am Beginn jeder Tour auf. Maschinenlärm? Fehlanzeige. Dafür erklingt das Hämmern der Steinmetze. Zwei Männer sägen - natürlich nur mit Muskelkraft - einen Baumstamm in Bretter. Und der Schmied lässt den Blasebalg seiner Feuerstelle fauchen.

Die Handwerker sind wie im Mittelalter gekleidet. Nur bei den Steinmetzen hat sich ein sichtbares Accessoire aus dem 21. Jahrhundert eingeschlichen - sie tragen Schutzbrillen. „Aus Sicherheitsgründen", erklärt Ruhdorfer. Das Projekt ist eine permanente Gratwanderung zwischen dem experimentalarchäologischen Anspruch und den aktuellen gesetzlichen Bestimmungen. Der Arbeitsinspektor schaut, wie man sich in Friesach erzählt, regelmäßig vorbei. Wahrscheinlich interessiert er sich - man soll ja auch bei Behörden an das Gute im Menschen glauben - ganz besonders für die Geschichte des Mittelalters.

Sogar die Werkzeuge der Handwerker werden ohne moderne Hilfe wie im Mittelalter hergestellt. Ein Pferdefuhrwerk transportiert das Baumaterial. Der Kalk zum Mischen des Mörtels wird in einem eigenen Ofen gebrannt. Die Wasserversorgung erfolgt über eine in luftiger Höhe verlaufende, abenteuerliche und an manchen Stellen tropfende Leitung aus Holz. Und wenn Historikerin Ruhdorfer den Anschauungsgeschichteunterricht durch eine

39

Handarbeit wie im Mittelalter

Skizze mittelalterlicher Baustile ergänzen muss, zeichnet sie diese einfach mit einem Holzstecken auf den Boden.
Als erster Teil der Burg wird ein vierstöckiger Wohnturm im romanischen Stil errichtet. Er soll bis 2022 stehen. Als generelle Bauzeit für die gesamte Anlage hat man mindestens 30 Jahre veranschlagt. Finanzieren soll sich das Projekt langfristig über die Besucher, die zum Teil Jahr für Jahr wiederkehren, um den Fortschritt zu beobachten. Träger des Projekts ist eine gemeinnützige „GmbH" der Stadt Friesach, Fördermittel kommen von EU, Bund, Land und Arbeitsmarktservice. Die wissenschaftliche Begleitung erfolgt durch das Institut für Geschichte der Alpen-Adria-Universität Klagenfurt.
Einen Namen hat das steinerne Kind übrigens schon – die Burg wird Siegfriedstein heißen. „Klein-Siegfriedstein" ist bereits vollendet: Gleich neben dem Kassenhäuschen der Baustelle befindet sich ein Kinderspielplatz aus dem 21. Jahrhundert in Burgform. Und wenn man schon einmal da ist, sollte man sich Friesach selbst auf keinen Fall entgehen lassen. Die älteste Stadt Kärntens (1215 erstmals als solche erwähnt) strotzt nur so vor gut erhaltenen mittelalterlichen Bauten inklusive Stadtmauer mit Wassergraben. Sie sind das Fundament der Zuversicht, mit der die neuen Handwerker auf der Burgbaustelle nebenan die alten Techniken anwenden. Ganz ohne Baumarkt und das „Yippie, Jaja, Yippie, Yippie, Yeah" aus dem Werbefernsehen.

Info

Die Burgbaustelle befindet sich südlich des Stadtkerns an der St.-Veiter-Straße. Wer mit dem Auto anreist, nimmt, von Klagenfurt kommend, die erste Friesach-Ausfahrt (Süd, Spital) und folgt den Schildern. Die Baustelle ist von Mitte April bis Ende Oktober in Betrieb. Sie kann nur im Rahmen von Führungen besichtigt werden, die mehrmals täglich stattfinden.
Erlebnis Burgbau, St.-Veiter-Straße 30, 9360 Friesach, *www.burgbau.at*

# DIE NAMENLOSE STADT

40

## Archäologischer Park, Magdalensberg

Vor 2000 Jahren lebten und arbeiteten auf dem heute kaum besiedelten Magdalensberg bis zu 3000 Menschen. Der Handelsplatz war gleichzeitig die Hauptstadt der römischen Provinz Noricum.

Die Spittaler haben das Goldeck, die Villacher den Dobratsch und die Klagenfurter die Qual der Wahl. Die Frage nach ihrem „Hausberg" beantworten die Bewohner der Kärntner Landeshauptstadt ganz unterschiedlich. Man schwankt - je nach Mobilitätsgrad - vornehmlich zwischen Kreuzbergl und Ulrichsberg. Und im Winter wird gar mit großer Begeisterung der längst nicht mehr auf Klagenfurter Gemeindegebiet liegende Magdalensberg genannt. Den Grund dafür sollte man zumindest einmal gesehen haben. Wenn das Klagenfurter Becken manchmal für eine oder gar zwei Wochen ohne Lichtblick im Nebel verschwindet, ist der 1059 Meter hohe Magdalensberg die nächstgelegene Sonnentankstelle. Wie eine rettende Insel erhebt er sich aus dem manchmal eher weißen, manchmal eher grauen Wolkenmeer im Tal. Die Stadtbewohner kurven dann in Scharen hinauf, genießen den Ausblick auf die Karawanken vor dem blauen Himmel, den sie schon so lange nicht mehr gesehen haben, und seufzen beim Blick auf die Nebelsuppe zu ihren Füßen, weil sie wissen, dass sie bald wieder hinuntermüssen.

Die im Herbst und Winter ideale Lage - nicht hochalpin, aber doch hoch genug, um die Sonne zu spüren und Heizkosten zu sparen - zog die Menschen schon vor 2000 Jahren an. Archäologisch belegt ist eine erste römerzeitliche Siedlungsphase um die Jahre 16 und 15 v. Chr. Das keltische Königreich Noricum, das in etwa die heutigen Bundesländer Kärnten, Salzburg, Steiermark sowie Ober- und Niederösterreich umfasste, war damals gerade dem römischen Reich als Provinz „angeschlossen" worden. Die Noriker lieferten den Römern vor allem Waffen aus ihrem berühmten Stahl *Ferrum noricum,* das im heutigen Hüttenberg und im steirischen Eisenerz abgebaut wurde. Caesars gallische Feldzüge und der darauf folgende Bürgerkrieg fachten die Nachfrage weiter an.

Immer mehr römische Händler ließen sich auf dem Magdalensberg nieder. Die Siedlung wuchs zu einer Stadt, ein Forum (Marktplatz) entstand. Es

Tempelfundament, Händler- und Werkstättenviertel

Apsis mit Brunnenschale

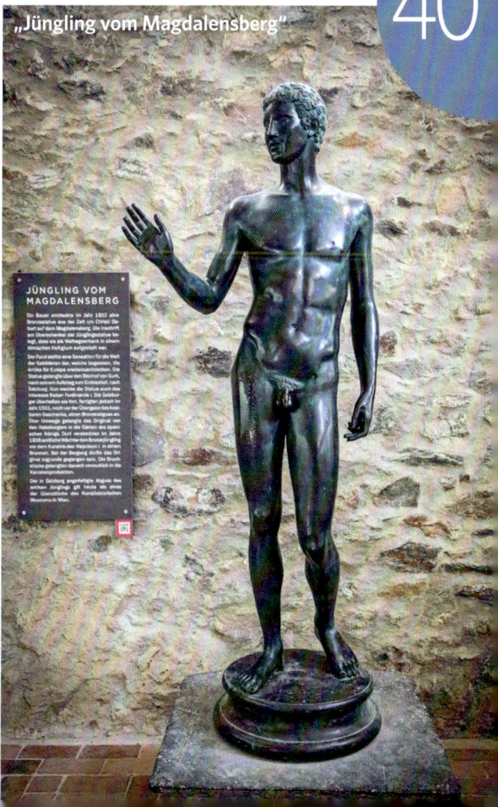


„Jüngling vom Magdalensberg“

war umgeben von Tabernen (einfachen Häusern), die ebenso Wohn- wie Geschäftszwecken dienten. Der Magdalensberg stieg zur Hauptstadt des von Rom kontrollierten Ostalpengebiets auf und hatte bis zu 3000 Einwohner. Doch die Hochkonjunktur währte nicht lange. Schon um 50 n. Chr. wurde die Stadt von den meisten Bewohnern wieder verlassen. Sie übersiedelten in die neue Hauptstadt der römischen Provinz Noricum, in das auf dem Zollfeld gegründete Virunum. Die Häuser auf dem Berg wurden - mit Ausnahme des bis in die Spätantike besuchten Heiligtums auf dem Gipfel - dem Verfall preisgegeben.

Es ist übrigens nicht klar, welchen Namen die so schnell wieder aufgegebene Stadt auf dem Magdalensberg getragen hat. Möglicherweise (und das ist die derzeit unter Forschern gängigste Vermutung) war es ebenfalls Virunum. Vom Leben in der namenlosen Stadt auf dem Magdalensberg kann man sich bei einem Besuch des archäologischen Parks, der als Außenstelle des Landesmuseums für Kärnten geführt wird, ein gutes Bild machen. Große Teile der Siedlung - von den Wohn- und Werkstättengebäuden bis hin zum Tempelbezirk - sind ausgegraben und die Grundmauern konserviert worden. Im einst öffentlichen Badegebäude ist eine Kopie des bedeutendsten Fundes zu sehen, den man bis dato hier gemacht hat. Es handelt sich um die 1,85 Meter große Bronzestatue eines nackten jungen Herrn, den man mittlerweile als „Jüngling vom Magdalensberg" kennt.

Die Originalplastik war vermutlich im 4. Jahrhundert n. Chr. vergraben und 1502 von einem Bauern beim Pflügen gefunden worden. Allerdings verschwand sie im Zuge der Geschichtswirren in Spanien: Aufgrund einer Weiheinschrift am Bein weiß man mittlerweile, dass die kostbare Figur einen römischen Jüngling darstellt und Mitte des 16. Jahrhunderts als Geschenk an Kaiser Karl V. gelangte. Bis 1786 stand die römische Bronzestatue aus Kärnten in den königlichen Gärten des Schlosses von Aranjuez. Was mit ihr dann geschah, ist unbekannt. Dank eines zuvor angefertigen Abgusses blieb zumindest eine Kopie davon in Österreich. Und es war auch diese, die schließlich 1806 nach Wien und in die Sammlungen der Hofburg gelangte, wo man das vermeintliche Original 1986 als neuzeitliche exzellente Kopie enttarnte. Als Beweis dafür dienten die eindeutig nicht mehr antike Gusstechnik und eine Spielkarte, die ein Arbeiter im Inneren der Statue
**152** vergessen hatte. Der auf dem Magdalensberg ausgestellte Jüngling ist eine von zwei Kopien der Originalkopie, die sich nach wie vor in Wien befindet. Die andere Jünglingkopie steht wetterfest auf dem Stauderplatz im - sonnigen oder auch nebeligen - Klagenfurt ihren Mann.

Der archäologische Park ist immer wieder Schauplatz von Festen, sogar

Blick über das Klagenfurter Becken bis zu den Karawanken

Hochzeiten finden hier statt. Zu speziellen Anlässen organisiert das Landesmuseum ein eigenes Kinderprogramm, bei dem junge Besucher in einer riesigen Sandkiste Archäologen nacheifern, Mosaike legen oder moderne „römische" Inschriften in Stein meißeln. In der verlassenen Stadt ohne Namen ist dann wieder ganz schön was los.

Info

Der Archäologische Park auf dem Magdalensberg kann von 1. April bis 31. Oktober besichtigt werden. Öffnungszeiten: Dienstag bis Sonntag, jeweils von 9 bis 17 Uhr. Führungen auf Anfrage.
Magdalensberg 15, 9064 Pischeldorf, *www.landesmuseum.ktn.gv.at*

# HIMMELWÄRTS

41

## Vierbergelauf, Zollfeld-Glantal

52 Kilometer, 5 Messen, 3 Andachten: Ist der Vierbergelauf tatsächlich noch eine Wallfahrt oder schon ein Gewaltmarsch?

Es ist kalt, obwohl man schwitzt. Das Atmen fällt Schritt für Schritt schwerer. Ein Ende des Aufstiegs ist nicht in Sicht. Nicht nur, weil es stockdunkel ist. Daran ändern auch die Lichtpunkte der unzähligen Taschenlampen nichts, die vor und hinter einem den Berg hinaufwandern. Der Weg in den Himmel führt also doch durch die Hölle.

Der Vierbergelauf dauert erst wenige seiner insgesamt 52 Kilometer und schon muss man beim Anstieg auf den Ulrichsberg nördlich von Klagenfurt erstmals an seine Grenzen gehen. Wobei „klettern" die Art der Fortbewegung besser beschreibt. Nämlich dann, wenn man statt der gemütlichen Serpentinen den direkten, ungleich steileren Weg an die Spitze des 1022 Meter hohen Berges gewählt hat. Glaubt man sich endlich am Gipfel, wartet ein weiteres kurzes, noch steileres Wegstück.

Dabei hat Stunden zuvor alles so harmlos begonnen: Jedes Jahr am Dreinagelfreitag, am zweiten Freitag nach Ostern, treffen sich Tausende Wallfahrer auf dem Magdalensberg (1059 m) zum Vierbergelauf. Volksfeststimmung um Mitternacht. Die meisten von ihnen werden mit Autos oder Bussen aus ganz Kärnten und anderen Bundesländern auf den Berg gebracht. Immer mehr Menschen lassen es sich aber nicht nehmen, schon auf den Magdalensberg zu Fuß zu gehen. Den ganzen Donnerstag zuvor sieht man in und um St. Veit/Glan Vierbergler, die Richtung Zollfeld unterwegs sind.

Der Name „Dreinagelfreitag" leitet sich von den drei Nägeln ab, mit denen Jesus ans Kreuz geschlagen worden ist. Eine rein „kirchliche" Veranstaltung ist der Vierbergelauf trotzdem nicht. Es gibt überhaupt keinen Veranstalter, er organisiert sich selbst. Seine Ursprünge wurden lange in keltischer beziehungsweise römischer, also jedenfalls noch heidnischer Zeit vermutet.

Historisch ist diese Annahme nicht belegbar. Im Gegenteil. Laut neuesten Forschungen soll die Wallfahrt „erst" im 15. Jahrhundert von zwei ursprünglich aus Deutschland stammenden Familien ins Leben gerufen worden sein, die sich als Bergbauunternehmer und Kaufleute in St. Veit niedergelassen hatten. Für die entsprechende Verbreitung unter der gläubigen Bevölkerung

dürften diverse unerfreuliche Ereignisse zu dieser Zeit gesorgt haben, die von Türkeneinfällen und anderen Kriegen bis hin zu einer Heuschreckenplage reichten. Ihre erste schriftliche Erwähnung fand die Wallfahrt um das Jahr 1500 in der „Geschichte der Steiermark und Kärntens" von Ladislaus Sunthaym, einem deutschen Historiker und Geistlichen.

Je nach Witterung nehmen um die 6000 Menschen an der Wallfahrt teil. Nachdem lange der Fitnessgedanke für viele Teilnehmer Hauptmotivation war, hat zuletzt jener der Spiritualität wieder zugenommen. Die vielen Besucher bei den insgesamt drei Andachten und fünf heiligen Messen zeugen davon. Nach der Mitternachtsmesse im Kirchlein auf dem Magdalensberg wandert die Menschenschlange hinunter auf das Zollfeld und über dieses in Richtung Ulrichsberg. Die Heilige Messe vor der nächtlichen Herausforderung in Pörtschach am Berg, und jene danach, in Karnberg, bieten neben dem Gebet die Chance für kurze Verschnaufpausen. Der Sonnenaufgang, wenn man hinunter ins Glantal geht, ist ein Erlebnis, das seinesgleichen sucht und das mindestens so viel Kraft gibt, wie die folgenden Messen in Zweikirchen und Liemberg. Mit der Sonne erscheinen auch die ersten Kinder am Wegesrand. Kinder, denen die Zuckerl, die sie von den Vierberglern bekommen, die nächsten Wochen versüßen.

Die Kraft, die man hier tankt, braucht man ohne Zweifel für den dritten Berg. Vor allem bei frühsommerlichen Temperaturen um die Mittagszeit kann man sich beim Anstieg auf den Veitsberg plötzlich an jede seiner vermeintlichen Sünden erinnern. Nach einem Hohlweg, auf dem man meist auf das Tempo seines Vordermannes oder seiner Vorderfrau angewiesen ist und auf dem man nur an wenigen Stellen überholen kann – sofern man überhaupt „Lust" dazu hat –, ist man am Ziel. Zumindest beinahe. Nur die sogenannte Blutwiese, auf der schon viele Blut geschwitzt haben, trennt einen von der kleinen Kirche auf dem mit 1171 Metern höchsten Berg der Wallfahrt. Auch diese Kirche wird, wie alle anderen und wie es der Brauch vorgibt, umrundet. Ebenso wichtig bei der Wallfahrt: das Vierberglerlaub. Es besteht aus Bärlapp, Karfunkellaub (Efeu mit roter Unterseite), Buchsbaum und Wacholder und wird unterwegs gesammelt und an den Hut oder Wanderstab gesteckt.

Auf dem Weg vom Veitsberg hinunter darf man schon einmal ans Ende der Wallfahrt denken. Etwa bei den Andachten in Gradenegg und Sörg. In den letzteren Ort geht es über einen langen Anstieg und Dutzende Stufen. Da spürt man dann schon jeden Schritt. Auch das Aufstehen nach einer Rast fällt jetzt deutlich schwerer. Die vielen, vielen Kilometer zuvor, bergauf und bergab, haben ihre Spuren hinterlassen. Umso willkommener sind die

Bis zu 6000 Teilnehmer nehmen die Strapazen auf sich.

zahlreichen Labestationen entlang des Weges, die Bauern, Privatpersonen, Vereine oder Brauereien aufgebaut haben. Selbstgemachte Spezialitäten machen einem das Weitergehen nicht unbedingt leichter.
Aber das Ende ist nahe: der Lorenziberg, mit 971 Metern der „Zwerg" unter den vier heiligen Bergen, hoch über der Stadt St. Veit/Glan. Nach rund 16 Stunden, 52 Kilometern und etwa 2000 Höhenmetern ist man am Ziel und – hoffentlich – dem Himmel ein Stück näher. Gewiss ist einem der laut Überlieferung aber erst dann, wenn man drei Mal am Vierbergelauf teilgenommen hat.

**Info**

Der Vierbergelauf findet jedes Jahr am zweiten Freitag nach Ostern, dem sogenannten Dreinagelfreitag, statt. Die 52 Kilometer lange Strecke führt vom Magdalensberg (1059 m) über den Ulrichsberg (1022 m) und den Veitsberg (1171 m) auf den Lorenziberg (971 m). Die Wallfahrt beginnt am Donnerstag um Mitternacht.

# 42 LISTIGER RIESE

## Burg Hochosterwitz, Launsdorf

Hochosterwitz zählt zu den schönsten Burgen Europas und gilt seit jeher als uneinnehmbar. Versuchte es doch jemand, wurde er nicht nur mit Waffengewalt, sondern auch mit List und Tücke in die Flucht geschlagen.

„Über sieben Brücken musst du gehn", sang Peter Maffay. Dante Alighieri durchschreitet neun Kreise der Hölle. Aber wer die Rüstung des vermutlich größten Ritters Kärntens sehen will, muss weder sieben, noch neun, sondern gleich vierzehn Tore passieren. Es geht hinauf zur imposanten Burg Hochosterwitz, die auf einem 150 Meter hohen Felsen über Launsdorf thront.

Dort residierte vor 500 Jahren Reinhard Schenk zu Hochosterwitz, ein Hüne, dessen 2,25 Meter hohe Ritterrüstung in der Waffenkammer der Burg die im Vergleich geradezu zierlich wirkenden Panzerkleider seiner Kampfgenossen deutlich überragt. Selbstverständlich gibt es auch eine Legende zum 180-Kilo-Ritter: Bei einer Belagerung der Burg soll er den Weg durch die vierzehn Tore hinuntergelaufen sein, um den Feinden zu erzählen, dass er der kleinste und schwächste Mann auf der Burg sei. Daraufhin suchten die fremden Soldaten sofort das Weite.

Die vollständig erhalten gebliebene Wehranlage von Hochosterwitz ist europaweit einzigartig. Der Kalksteinfelsen, auf dem sie sich erhebt, war schon 1800 v. Chr. besiedelt – das belegen Funde. Eine Burg wurde urkundlich erstmals um das Jahr 860 erwähnt, damals befand sie sich im Eigentum des Erzbistums Salzburg. Besitzverhältnisse und Lehensmänner (quasi Pächter) wechselten laufend. Unter Bernhard von Spanheim als Herzog von Kärnten soll 1214 sogar der legendäre Minnesänger Walther von der Vogelweide seinen Weg nach Hochosterwitz gefunden haben.

Im späten 13. und beginnenden 14. Jahrhundert wurden die ältesten noch erhaltenen Teile der Burg errichtet. Dann kehrte endlich Ruhe ein, zumindest, was die Besitzverhältnisse betraf: Die Khevenhüller, ein Kärntner Adelsgeschlecht mit bayrischen Wurzeln, erwarben Hochosterwitz zunächst als Pfand, später ging die Anlange vollständig in ihren Besitz über. Weil man einen erneuten Einfall der Türken nach Kärnten befürchtete, ließ Georg Freiherr von Khevenhüller zwischen 1570 und 1585 nicht nur die

42

ines der 14 Tore

Im Burgkeller

Keller im Westflügel, sondern auch die besagten Tore auf dem steilen Fahrweg zur Burg errichten. Jedes einzelne hat einen Namen und besondere Eigenschaften. Ein ausgeklügeltes wetterfestes System von Feuerstellen, die zum Abfeuern der Kanonen und Feuerwaffen in der damaligen Zeit unumgänglich waren, ermöglichte die Schussbereitschaft. Jedes Tor und jeder Turm war auch mit Wasserbehältern ausgestattet, damit die Burg bei derart vielen offenen Feuerstellen nicht versehentlich abbrannte.

Außer dieser Strecke führt noch der deutlich steilere sogenannte Narrensteig auf das Plateau des Felsens. Dieser Zugang war schon lange zuvor durch eine Quermauer und diverse Zubauten gesichert worden. Hochosterwitz war damit uneinnehmbar. Die außergewöhnliche Befestigung spielt die Hauptrolle in einer weiteren Legende, die sich um Hochosterwitz rankt: Herzogin Margarete von Tirol und Görz, auch Margarete Maultasch genannt, wollte zu Beginn des 14. Jahrhunderts ihre Besitzansprüche auf die Burg mit Gewalt durchsetzen. Sie ließ sie der Überlieferung nach umstellen und wollte ihre Gegner aushungern. Das gelang ihr beinahe, doch die Burgherren griffen zu einer List: Sie ordneten an, den letzten mageren Stier auf Hochosterwitz zu schlachten, zogen ihm die Haut ab, füllten diese mit dem letzten Korn, das sie hatten, und warfen den nun fetten Kadaver den Berg hinunter. Die Belagerer gewannen so den Eindruck, dass auf Hochosterwitz noch Vorräte in Hülle und Fülle vorhanden waren, und zogen ab. Eine schöne Geschichte, leider aber nicht mehr, denn die legendäre Margarete Maultasch ist nie in Kärnten gewesen.

Hochosterwitz befindet sich bis heute im Besitz der Familie Khevenhüller-Metsch. Sie führt damit das Vermächtnis von Georg Khevenhüller fort, der mit seinen Um- und Ausbauten Ende des 16. Jahrhunderts aus der ursprünglich kleinen Anlage ein starkes Bollwerk gegen Bedrohungen von außen gemacht hat. 1576 ließ er auf Lateinisch in Stein meißeln, dass er die Burg „zum Nutzen des Staats auf eigene Kosten" mit Mauern umgeben, Festungen verstärkt und mit einer Waffenkammer ausgerüstet habe. Letztere ist heute in der Burg zu besichtigen und beeindruckend wie eh und je. Außerdem steht über den Bauherrn, der von 1565 bis 1587 Landeshauptmann von Kärnten war, auf der Marmortafel in der nördlichen Ecke des Burghofes Folgendes zu lesen: „Er hat angeordnet, dass diese Burg niemals wegkomme, weder durch Verkauf, Schenkungen, Veränderung, als Heiratsgut, als Unterpfand, durch Teilungen, Ausleihen noch auf irgendeine andere Weise eine Besitzminderung platzgreife."

Seit 1950 ist Hochosterwitz öffentlich zugänglich. Die Einnahmen aus dem Tourismusbetrieb fließen zur Gänze in die kostenintensive Erhaltung der

Von außen unbezwingbar, innerhalb der Mauern malerisch: Burg Hochosterwitz.

riesigen Anlage. Mit der Fürst-Max-Bahn, einem durchaus abenteuerlichen Schrägaufzug, hat man einen weiteren Weg zur Burg erschlossen. Spannender ist es jedoch nach wie vor, Hochosterwitz über die vierzehn Tore zu erobern.

Info

Die Burg Hochosterwitz ist von Ostersonntag bis 26. Oktober für Besucher geöffnet, die Öffnungszeiten variieren je nach Saison. Hochosterwitz 1, 9314 Launsdorf, *www.burg-hochosterwitz.com*

# 43 HEIMAT DER ABENTEURER

## Schaubergwerk und Heinrich-Harrer-Museum, Hüttenberg

In Hüttenberg werden Traditionen gepflegt - eigene und solche, die hier eine neue Heimat gefunden haben.

Ohne die damalige Kärntner Exportwirtschaft hätten sich die Römer ihr Weltreich wohl abschminken können. Julius Caesar und seine Nachfolger verdanken ihre militärischen Siegeszüge vor allem Waffen, die aus dem legendären *Ferrum noricum* geschmiedet waren. Das stahlharte „norische Eisen" wurde vor allem im heutigen Hüttenberg abgebaut, das damit als ältestes, mittlerweile aber stillgelegtes Industriegebiet des Landes gilt.

Im Mittelalter und in der beginnenden Neuzeit waren in Hüttenberg Hunderte Männer im Bergbau beschäftigt. Die Arbeitsbedingungen waren hart, mehrmals kam es zu gewaltsamen Revolten. Der wohl spektakulärste Konflikt dauerte vier Jahre. Er begann 1755 mit der Festnahme des Tabakschmugglers Andreas Kreig durch die Behörden. Die Bergarbeiter (Knappen) sahen es damals als ihr Recht an, Rauchwaren „schwarz" zu kaufen. Es kam zu Verhaftungen und Befreiungsaktionen der Festgenommenen durch ihre Kameraden. 1759 eskalierte die Situation. Soldaten umstellten die Aufständischen, mit denen man in weiterer Folge hart ins Gericht ging. Einige wurden des Landes verwiesen und mehr als zweihundert mit Stockschlägen bestraft. Außerdem entzog man ihnen das Arschleder, auch Bergleder genannt - ein Symbol für ein Berufsverbot: Der halbrunde Lederschurz, auf dem die Knappen bei der Arbeit im Stollen saßen, war und ist das Zeichen für den Bergmannsstand.

In Hüttenberg ist es heute nur noch im Museum und bei den Auftritten von Traditionsträgern zu bewundern - der Bergbau steht seit 1978 still, die Hochöfen schon seit 1901. In zumindest einem Stollen herrscht allerdings noch Betrieb. Er beherbergt das örtliche Schaubergwerk, das in Kombination mit dem angeschlossenen Bergbaumuseum Einblicke in die harte Arbeit unter Tage gibt. Nicht fehlen darf dabei die Legende vom Leben und Sterben der hl. Barbara. Die Schutzpatronin der Bergleute soll um das Jahr 300 in Nikomedia (dem heutigen İzmit in der Türkei) gelebt haben. Ihre Darstellungen sind immer mit einem Turm versehen. In einen solchen soll sie ihr Vater gesperrt haben, weil die junge Frau dem Christentum nicht

Der tibetische Pilgerweg „Lingkor"

43

Im Schaubergwerk

abschwören wollte. Dennoch gelang ihr eines Tages die Flucht. Dabei wurde Barbara der Überlieferung nach von einem Felsen geschützt, der sich plötzlich auftat und sie vor ihren Verfolgern verbarg – daher ihre „Zuständigkeit" für die Bergleute. Durch Verrat wurde die unerschütterliche Christin trotzdem gefasst, dem römischen Statthalter ausgeliefert, grausam gefoltert und schließlich von ihrem eigenen Vater getötet.

Alle drei Jahre findet am ersten Sonntag nach Pfingsten das eindrucksvolle Hüttenberger Bergmannsfest mit dem Reiftanz statt. Er ist der letzte vollständig überlieferte Männerkettentanz in Mitteleuropa und hat seinen Ursprung im 15. Jahrhundert. Die älteste urkundliche Erwähnung stammt aus dem Jahr 1608. Die Hauptakteure sind 24 Reiftänzer, die mit Tanzbögen aus Buchsbaum eine symbolträchtige und komplizierte Choreografie zeigen. Weitere Figuren sind der Spaßmacher „Hans Obermoar" und der „Schwoafträger" sowie der Bergkommissär mit schwarz-grüner Schärpe und der Fähnrich. Die einzige Frau in der Runde ist die „Reiftanzbraut". Sie wird stets aus vielen Kandidatinnen ausgesucht und muss eine kinderlose, 17- bis 25-jährige Hüttenbergerin sein. Die Bergmusik lässt die Reiftanzmelodie insgesamt 108 Mal erklingen und die Tänzer formen über zwei Stunden lang Figuren wie den „Purzelsprung", den „Schneckengang" oder das „Radl". Im zweiten Teil des Tanzes, dem „Walzer", wird mit den Bögen ein Stollen geformt, in den die Knappen einfahren. Schließlich bilden die Tänzer ein Grubenhaus und es erklingt das alte Bergmannslied „Tief in der Erde Schoß ward uns ein ernstes Los ...". Dann wird es heiter. Während des „Scherztanzes" machen Obermoar und Schwoafträger allerlei Späße, bis es zum sogenannten „Pritschen" kommt.

Zur großen Unterhaltung der ungefähr 6000 Zuseher, die dem Reiftanz beiwohnen, werden Prominente und Ehrengäste auf eine Bank gelegt. Der Obermoar versetzt ihnen mit seiner Pritsche drei klatschende Hiebe auf das Hinterteil. Diese werden recht kräftig durchgeführt, immerhin soll das Pritschen für die nächsten drei Jahre Glück und Gesundheit bringen. Ein großer Schluck aus dem Ehrenbecher soll die Schmerzen lindern und die Brieftasche lockern. Denn traditionell bedankt sich der Gepritschte mit einer Spende in die „Lumperbuttenkasse". Früher waren das die Einnahmen der ersten Sozialversicherung der Knappen. Heute kommt es dem organisierenden Verein zugute. Wer meint, die „Freiwilligen" für diese rauen Streicheleinheiten seien schwer zu finden, hat weit gefehlt. Der Andrang ist so groß, dass man sogar den eigenen „Pritschenmontag" einführt hat. An diesem in Hüttenberg offiziellen Feiertag werden Gäste und Einheimische gepritscht.

Buddhistischer Gebetsraum

Nur selten wird der Reiftanz außerhalb seines Dreijahresrhythmus aufgeführt. Zuletzt war das 2006 der Fall. Der Dalai-Lama selbst legte im Mai jenes Jahres den Grundstein für das „Tibetzentrum", eine Privatuniversität für Tibetische Medizin und Philosophie zum Erhalt der bedrohten tibetischen Kultur im einstigen Kärntner Bergbaugebiet. Die bemerkenswerte Verbindung der Tibeter mit den Kärntnern hat ihren Ursprung bei einem einzigen Hüttenberger: Bergsteiger Heinrich Harrer (1912-2006). Im Sommer 1939 war er zu einer Erkundungstour zum Nanga Parbat im Westhimalaya gestartet, deren Verlauf ihn schlussendlich weltberühmt und zum Freund des Dalai-Lama gemacht hat. Seine Erlebnisse schilderte er später im Buch „Sieben Jahre in Tibet", das mit Brad Pitt in der Hauptrolle auch verfilmt wurde.

Die wahre Geschichte: Mit Beginn des Zweiten Weltkriegs wurden Harrer und seine Begleiter in Karatschi festgehalten und in britische Internierungslager gebracht. Fünf Ausbruchsversuche startete Harrer, bis er entkommen konnte. Die abenteuerliche Flucht führte ihn über mindestens 50 Pässe – keiner unter 5000 Höhenmetern. 1946 erreichten er und der damalige Expeditionsleiter Peter Aufschnaiter die „verbotene Stadt" Lhasa in Tibet.

Dort wurde Harrer schließlich zum Lehrer des jungen 14. Dalai-Lama Tendzin Gyatsho. Er unterrichtete „Seine Heiligkeit" in Englisch, Geografie und Mathematik. Lehrer und Schüler wurden schließlich Freunde.

Im Heinrich-Harrer-Museum in Hüttenberg ist eine Vielzahl faszinierender Ausstellungsstücke von den zahlreichen Expeditionen des Forschers, der erst 1952 nach Europa zurückkehrte, zu sehen. Kern des Museums ist die Tibetabteilung. Es wurde sogar ein buddhistischer Gebetsraum eingerichtet, den der Dalai-Lama persönlich geweiht hat. An der Felswand gegenüber des Museums findet man einen „Lingkor", einen tibetischen Pilgerweg. Der Rundweg besteht zum Großteil aus einer Stahlstiegenkonstruktion. Es gibt großflächige Buddha-Darstellungen, Gebetsnischen, kunstvolle Stupas und Gebetsmühlen zu sehen. In solchen Gebetsmühlen befinden sich auf Papier aufgedruckte Mantras oder Gebete. Sie werden gedreht, um gutes Karma zu schaffen. Jede Drehung soll dem Wohl aller fühlenden Wesen zuträglich sein, ihr Leid beseitigen und Glück bringen.

Auf jeden Fall ist das eine sanftere Variante, das Glück zu beschwören, als „gepritscht" zu werden.

**Info**

Das Heinrich-Harrer-Museum mit Lingkor, die Mineralienschau, das Bergbaumuseum, das Schaubergwerk und das Helga-Riedl-Puppenmuseum lassen sich allesamt mit nur einer Eintrittskarte besuchen. Die Museen kann man dabei auch voneinander getrennt besuchen. Öffnungszeiten aller Museen: 1. Mai bis 31. Oktober täglich 10 bis 17 Uhr. Führungen finden im Schaubergwerk um 11, 14 und 16 Uhr statt.

Heinrich-Harrer-Museum, Bahnhofstraße 12, 9375 Hüttenberg, *www.harrermuseum.at*

Bergbaumuseum, Schaubergwerk, Mineralienschau und Puppenmuseum, 9376 Knappenberg 32, *www.huettenberg.at*

# BEI DEN KLUFTSPIONEN

## Obir-Tropfsteinhöhlen, Bad Eisenkappel

44

Die Natur hat in den Obir-Tropfsteinhöhlen im Lauf der vergangenen 2,6 Millionen Jahre bizarre Kunstwerke geschaffen. Sie wachsen noch immer.

Die Bierfässer, über die man gleich nach den ersten unterirdischen Metern stolpert, haben wohl bei so manchem Liebhaber des Gerstensaftes einen schönen Verdacht aufkeimen lassen: Heißen die Obir-Tropfsteinhöhlen etwa Tropfsteinhöhlen, weil hier Bier von der Decke tropft?! Das ist natürlich nicht der Fall. In den Fässern reift „nur" das Höhlenbier der Klagenfurter Schleppe-Brauerei, das man nach der Führung verkosten kann.
Ganz genau genommen lagern die Fässer in keiner Höhle, sondern in einem Stollen. Er gehört zum unterirdischen Labyrinth, das Bergmänner dem 2139 Meter hohen Hochobir über Jahrhunderte abgerungen haben. Schon im 11. Jahrhundert sollen hier Blei und Zink gefördert worden sein. Um 1800 gab es in der Gegend ein Dutzend Bergbaureviere, die Stollen hatten eine Gesamtlänge von 600 Kilometern erreicht. Die Arbeit war beschwerlich. Das Erz musste von den Arbeitern in Säcken auf dem Rücken ins Tal geschleppt werden. Im Winter luden sie die Last auf Schlitten, was den Transport zwar schneller, aber umso gefährlicher machte.
Beim Vortrieb des Markus-Stollens auf der Unterschäffleralpe in 1100 Metern Seehöhe wurden im Jahr 1870 die Obir-Tropfsteinhöhlen entdeckt und in weiterer Folge auch genutzt, allerdings als Schutthalden. Man lagerte in den natürlich entstandenen Hohlräumen teilweise bis knapp unter die Decke taubes Gestein, wodurch einige Stalagmiten und Stalaktiten zum Teil stark beschädigt wurden. Nach der Einstellung des Bergbaus 1941 gab es wiederholt Bemühungen, das Naturwunder für Besucher zu öffnen. Erfolgreich war erst eine Initiative Mitte der 80er-Jahre des 20. Jahrhunderts. Mit Unterstützung von engagierten Privatpersonen, Gewerbebetrieben, Tourismusorganisationen, Grundeigentümern und der öffentlichen Hand stemmte man ein 30-Millionen-Schilling- beziehungsweise umgerechnet 2,18-Millionen-Euro-Projekt: 1991 konnten die Obir-Tropfsteinhöhlen öffentlich zugänglich gemacht werden.
Beim Ausbau hat man sich auf Wege und Beleuchtung beschränkt, in den

44

Kunstwerke aus Kalk: Stalagmiten und Stalaktiten

Höhlen selbst ist alles unverändert geblieben. Der Schutt aus dem Bergwerk wurde entfernt, um den Urzustand wiederherzustellen, und zwar den uralten Urzustand, um genau zu sein. Die Stalagmiten und Stalaktiten sind in den vergangenen 2,6 Millionen Jahren durch das einsickernde Oberflächenwasser entstanden. Das Wasser löst auf seinem Weg durch den Obir Kalk aus dem Gestein. Tropft diese Mischung in einer Höhle von der Decke, werden dadurch - vereinfacht erklärt - die Tropfsteine gebildet. Sie wachsen sehr langsam, abhängig von äußeren Einflüssen 8 bis 15 Millimeter in 100 Jahren.
Der Weg zu den Tropfsteinen führt die Besucher zunächst durch die Stollen des ehemaligen Bergwerks. Dann taucht man in eine Wunderwelt ein: Die Obir-Tropfsteinhöhlen gelten als die schönsten Österreichs. Besonders beeindruckend ist neben den Stalagmiten und Stalaktiten vor allem ein 12 Meter breites und 6 Meter hohes rot-oranges und gelb-weißes Sintergebilde, das man aufgrund seines Aussehens „Orgel" nennt. Die Kalkablagerungen entlang der Höhlenwand sind ähnlich wie Tropfsteine entstanden.
Zu den sanften technischen Einbauten in die Höhlen gehören in diesem Raum gut versteckte Lautsprecherboxen. Es erklingt die „Toccata und Fuge in d-Moll". Die Johann Sebastian Bach zugeschriebene Komposition ist das mit Abstand bekannteste europäische Orgelwerk. Durch die einzigartige Akustik in der Höhle wird sie zu einem Klangerlebnis für den ganzen Körper. Für Gruppen, die das vorbestellen, kann auch volkstümliche Musik abgespielt werden.
Nicht ganz so spektakulär, aber umso kurioser ist die kleinste Attraktion, die Höhlenführerin Anita Hribernik und ihre Kollegen den Besuchern in einem weiteren Teil der Höhle zeigen: ein Kluftspion. So nennt man ein simples mechanisches Messinstrument, das die Bewegung beziehungsweise im Idealfall Nichtbewegung von Felswänden überwacht. Ein Kluftspion besteht aus zwei Verankerungen links und rechts einer Spalte. Verbunden sind diese mit einem hauchdünnen Draht - er reißt bei der kleinsten Verschiebung des Gesteins.
Die Führung endet in der sogenannten Kleinen Grotte. Wer gelenkig genug ist, kann durch ein kleines Loch einen Blick in einen unterirdischen See voller Tropfsteine werfen. Er ist mehr als 20 Meter lang, aber nur 20 bis 30 Zentimeter tief. Dieser Teil der Höhle wird übrigens Kapelle genannt. In diesem Bereich haben die Bergmänner keinen Schutt abgelagert, sondern gebetet. Wenn man hier innehält, scheint einem Gott tatsächlich näher zu sein als in jeder Kirche. Es liegt wohl an den bizarren Formen der Tropfsteine und dem Wissen, dass an diese Kunstwerke kein Mensch, sondern ausschließlich die Natur Hand angelegt hat.

**Blick in den Höhlensee**

Info

Die Obir-Tropfsteinhöhlen können von Mitte April bis Mitte Oktober im Rahmen von Führungen besichtigt werden. Besucher brauchen warme Kleidung – im Berg hat es unabhängig von der Außentemperatur konstant 8 Grad – und gutes Schuhwerk. Die Zufahrt mit Privatautos ist nicht möglich. Zwischen dem Kartenbüro in Eisenkappel und dem Höhleneingang verkehren Shuttlebusse, über die Abfahrtszeiten kann
170 man sich vorab im Internet informieren. Um Wartezeiten zu vermeiden, empfehlen die Betreiber vor allem bei Schlechtwetter, die Karten vorab telefonisch zu reservieren.
Hauptplatz 7, 9135 Bad Eisenkappel, *www.hoehlen.at*

# MIT ANDACHT UND HUMOR

## Kirchleintragen, Bad Eisenkappel

45

Warum in Bad Eisenkappel alljährlich leuchtende Kirchen in den Fluss gesetzt werden und was die quietschende Tür eines Nachbarn damit zu tun hat.

Dutzende leuchtende Kirchlein aus Papier schwimmen die Vellach entlang. Einige fallen um, andere schaffen mehrere Hundert Meter, bis ihr Licht in der Dunkelheit der Nacht verglimmt. Dieser schöne Brauch soll das Unterkärntner Bad Eisenkappel vor Hochwasser schützen. Jedes Jahr am 1. Februar - das ist der Abend vor Mariä Lichtmess - findet das Kirchleintragen oder „Ante Pante" statt.

Die Lichterprozession, bei der Kinder ihre aus Papier gefertigten und von innen heraus mit Kerzen erleuchteten kleinen Kirchen auf langen Stöcken bis zum Fluss tragen, erinnert an eine Hochwasserkatastrophe im Mittelalter. 1180 wurde das Vellachtal von einem verheerenden Unwetter heimgesucht. Die Menschen flüchteten in die höher gelegene Wallfahrtskirche Maria Dorn und versprachen, dem wütenden Fluss zur Besänftigung eine Kirche aus Holz zu opfern. Das Hochwasser ging zurück, der Brauch war geboren. Nur aus der Holzkirche sind im Lauf der Jahrhunderte Papierkirchlein geworden. Sie werden vorbei an der Kirche, wo der Pfarrer die Prozession segnet, bis ans Ufer der Vellach getragen und an der Hagenegger Brücke schließlich den Fluten übergeben.

Dabei skandieren die Teilnehmer der Prozession den halb lateinischen, halb slowenischen Spruch „Ante pante populore, Kozel vrate cvilelore", der wie Litaneigesang durch die Dunkelheit hallt. Der erste Teil des Spruchs hat seinen Ursprung im lateinischen *ante faciem omnium populorum* (Vor dem Angesicht aller Völker), dem der Lichtmessliturgie zugehörigen Lobgesang des Simeon. Der zweite Teil ist Slowenisch und heißt auf Deutsch: „Beim Kozel quietscht die Tür." Was hat eine ungeölte Haustür im Segensspruch zu suchen?! Der Legende nach liegt der Ursprung in einem Streich, der sich über viele Jahrzehnte gehalten hat. Die Lichterprozession soll einst beim Haus der Familie Kozel vorbeigegangen sein, als jemand bemerkte, dass dort die Türangeln Geräusche machen. Demjenigen ist wohl der rhythmisch passende Zusatz eingefallen, die anderen fanden es lustig, und so zog der

45

Kirchleintragen am 1. Februar

freche Spruch, der einst den Nachbarn necken sollte, in den Lobgesang ein. Dieser sympathische Humor und das entzückende Mischmasch der Sprache im „Ante Pante" gibt tiefen Einblick in die Kärntner Seele, die - unabhängig von der einen oder anderen Landessprache - vor allem eines kennt: Gelassenheit. Man pflegt das Verbindende und kümmert sich wenig um Medienberichte oder politische Debatten über Ortstafeln. In der Mitte stand und steht immer der Stammtisch, an dem alle sitzen. Es wird Bier getrunken (auch Laško aus Slowenien) und Štrankal-Gulasch (Strankerl, Fisolen) gegessen. Die Hausfrau ist stolz auf die gelungene Nusspotize (Potica) oder die Pohača (Reinling), und wenn etwas misslingt, wird „Huditsch" (Teufel, Schriftslowenisch: *hudič*) geflucht. Die Kärntner Alltagssprache ist reich an slowenischen Lehnwörtern ...

Doch verschiedenste kulturelle Einflüsse schlugen sich im Lauf der Jahrhunderte auf Sprache, Bräuche und Kochrezepte in Kärnten nieder. Erst vermischten sich römische und keltische Traditionen. Im 6. Jahrhundert besiedelten durch die Völkerwanderung Slawen das Gebiet von der Adria bis zur Donau und von den Quellen der Drau bis in die Pannonische Tiefebene. Im Zentrum dieses Herrschaftsbereichs, in Maria Saal am Zollfeld, soll man die Fürsten von Karantanien rituell eingesetzt haben: auf dem bis heute erhalten gebliebenen sogenannten Fürstenstein. Dieser Brauch wurde später durch die Kärntner Herzöge übernommen und so entstand im 9. Jahrhundert der Herzogstuhl auf dem Zollfeld nördlich von Klagenfurt. Beide, Stein wie Stuhl, sind wichtige Rechtsdenkmäler der Geschichte Kärntens, der Fürstenstein auch für Slowenien.

Apropos „Rechtsdenkmäler": Streng verboten ist es, beim „Ante Pante" sein Kirchlein wieder aus dem Bach zu fischen. Einige Burschen machen es trotzdem und sparen sich so das Basteln einer neuen Kirche. Auch dieser Streich hat mittlerweile schon Tradition.

**Info**

Das Ante Pante Kirchleintragen am 1. Februar beginnt immer um 18 Uhr bei der Wallfahrtskirche Maria Dorn und führt über die Pfarrkirche zum Ufer der Vellach.

# BERG DER ANTIKEN PILGER

46

## Hemmaberg, Globasnitz

Unglaubliche Funde fördern Archäologen auf dem Hemmaberg zutage. Das Pilgerzentrum war schon früh eine Art Ausflugsziel und vielleicht sogar einer der ersten Tourismusorte des Landes.

Künstlich geformte Langschädel, eine höchst technische Prothese, die allerdings nicht aus dem 21., sondern aus dem 6. Jahrhundert stammt, und unzählige Beweise diverser Anbetungen mehrerer Gottheiten auf einer einzigen Hügelkuppe: Das klingt ein wenig nach Science-Fiction oder - für belesene Verschwörungstheoretiker - nach Erich von Däniken. Nichts davon trifft zu. Diese spektakulären Funde haben Archäologen tatsächlich gemacht, und zwar am Hemmaberg (840 m) bei Globasnitz. Damit ist dieser sanfte Südkärntner Hügel eine der spannendsten Forschungsstätten des Landes.

Erste Siedlungen soll es hier bereits ab 1500 v. Chr. gegeben haben. Der Fund eines jungsteinzeitlichen Rillenschlägels lässt das vermuten. Vor allem in der späten Bronzezeit dürfte es in dieser Gegend rund gegangen sein. Der Hemmaberg war eine Art Pilgerstätte verschiedener Stämme, die gerne unter dem Pauschalbegriff Kelten zusammengefasst werden. Die frühen Bewohner verehrten eine Gottheit namens Iouenat, von der sich die Namen der späteren römischen Straßenstation Iuenna und das heutige Jauntal, Jaunberg oder Junberg, wie der Hemmaberg auch genannt wurde, ableiten. Während der römischen Kaiserzeit (50 bis 400 n. Chr.) dürfte der Berg bereits eine Art Ausflugsziel gewesen sein. Das Heiligtum wurde besucht, gewohnt haben die Römer jedoch im Tal an der Straßenstation.

In der unsicheren Völkerwanderungszeit (400 bis 600 n. Chr.) zogen die Bewohner vom Tal zurück in die Bergsiedlung, die einst die Kelten genutzt hatten, und bauten eine Befestigungsmauer. Die strategisch gute Lage des Hemmabergs mit der steilen Felswand im Norden und der natürlichen Trinkwasserquelle machten den Berg zum idealen Siedlungsplatz. Die Quelle wird übrigens seit dem 17. Jahrhundert besonders verehrt. Sie wird der heiligen Rosalia zugesprochen und soll Heilwasser spenden, das gegen Augenleiden hilft und den Lebenswillen stärkt. Allerdings ist der Zutritt zur

Konservierte Grundmauern des Pilgerhauses

46

Kapelle in der Rosaliengrotte

Blick aus der Grotte

sogenannten Rosaliengrotte, in der sich die Quelle und eine Kapelle befinden, seit 2015 wegen Steinschlaggefahr gesperrt. Das Heilwasser wird nun mit Rinnen nach draußen geleitet. Aber Achtung: Es ist nicht als Trinkwasser geeignet!

Auf dem Hemmaberg selbst stapeln sich die Spuren ganzer Glaubensepochen. Die Grundmauern des einstigen Pilgerzentrums und Kirchen sind, nachdem man sie ausgegraben hat, konserviert worden und offenbaren, wie dicht bebaut das Plateau einst gewesen ist. Östlich des alten Iouenat-Heiligtums hat man wohl die erste Kirche gebaut. Nahezu zeitgleich um 500/510 n. Chr. entstanden hier die Pilgerstätten zweier unterschiedlicher Christengemeinden. Eine Doppelkirche der katholischen Römer und eine weitere Doppelkirche der arianischen Ostgoten. Beide Gemeindekirchen waren für circa 300 Personen ausgerichtet. „Die beiden Kirchen waren prächtig ausgestattet, das dürfte auch auf eine Rivalität zwischen den beiden Religionen zurückzuführen sein“, erklärt Archäologe und Ausgrabungsleiter Franz Glaser.

Der gravierendste Unterschied der beiden Glaubensrichtungen lag in der Gottesvorstellung. Die Katholiken gehen von einer Trinität Gottes aus, also von der gleichen Göttlichkeit von Vater, Sohn und Heiligem Geist. Für die Arianer hingegen war der Vater allein Gott. Jesus wurde nur als „gottähnlich“ angesehen. Die Arianer entwickelten Untergruppen und es wurden 18 (!) verschiedene, sich zum Teil widersprechende arianische Glaubensbekenntnisse verfasst. 381 berief Kaiser Theodosius das Erste Konzil von Konstantinopel ein, auf dem die Trinitätslehre fundamental gefestigt und im nicänisch-konstantinopolitanischen Glaubensbekenntnis festgesetzt wurde. Kurz: Alle, die nicht an die Gottheit von Vater, Sohn und Heiligem Geist glauben, sollen als Häretiker (Ketzer) gelten. Damit war der theologische Streitfall durch ein Machtwort beendet. Der Hemmaberg blieb weiterhin ein Wallfahrtszentrum, in dem Reliquien von Heiligen besondere Verehrung genossen. Und die arianischen Kirchen wurden von den Katholiken nach ihrem „Sieg“ profan als Abstellkammern benutzt.

Was die Pilger einstmals hinterlassen haben, versetzt heute Archäologen in Verzückung. 1999 hat Glaser in einem nahen Gräberfeld Skelette mit künstlich turmartig geformten Schädeln gefunden. „Aufgrund der Schädelumformungen und der Funde konnten wir erstmals die Ostgoten in Österreich nachweisen“, frohlockt Glaser. Jüngst wurde das Skelett eines Mannes aus dem 6. Jahrhundert gefunden, das Reste einer Fußprothese trug. „Fest steht, dass der Mann den Verlust seines Fußes unterhalb des Knöchels mehrere Jahre überlebt und die Prothese tatsächlich benutzt hat“,

Ein wahrlich „heiliger" Berg

berichten Wissenschaftler des Österreichischen Archäologischen Instituts im renommierten „International Journal of Paleopathology". Ältere künstliche Gliedmaßen kennt man nur aus China, Ägypten und aus römischen Berichten. Der Kärntner Prothesenfund ist der erste in Europa.
Ausgestellt sind die meisten Fundstücke im nahen Museum in Globasnitz. Die kurze und angenehme Wanderung auf den Hemmaberg gibt Einblicke in längst vergangene Zeiten, in ihre Mühsal, aber auch in ihre technischen Errungenschaften wie das Fußboden- und Wandheizungssystem des antiken Pilgerhauses. Unerwartete Entdeckungen an einem heute noch aktuellen Wallfahrtsort.

**Info**

Die Ausgrabungen auf dem Hemmaberg sind frei zugänglich und vom Parkplatz in nur wenigen Gehminuten erreichbar.
Kostbare Mosaike und weitere Funde wie gotische Langschädel oder Schmuck sind im Pilgermuseum Hemmaberg-Juenna in Globasnitz zu sehen. Öffnungszeiten: 1. Mai bis Mitte Oktober 10 bis 12 und 14 bis 17 Uhr. Montags geschlossen. 9142 Globasnitz 13, *www.museum-globasnitz.at*

# 47 JÄGER UND SAMMLER

## Tropfsteinhöhle und Schlossberg, Griffen

Der 130 Meter hohe Felsen, der Griffen überragt, ist innen wie außen einen Besuch wert. Und das Rundherum sowieso. Hier haben schon in der Altsteinzeit die „Urkärntner" gerne eine Rast eingelegt.

In Griffen ist selten der Bär los. Und wenn, dann meist nur beim „Mochoritsch" (oder auch: Griffen-Rast) der Familie Jernej gleich neben der Südautobahn. Auch die A2-Dependance des Traditionsgasthauses in St. Primus ist für ihre großzügigen Portionen und Schmankerln aus dem Alpen-Adria-Raum bekannt. Wer hier Pause macht, nimmt in Alufolie mit, was im Magen nicht mehr Platz hatte. Dazu kommt meist noch ein Mitbringsel aus dem Mochoritsch-Bauernladen, in dem Produkte aus der hauseigenen Südkärntner Landwirtschaft verkauft werden, aber auch Feinstes aus der Region - beispielsweise Salz aus Piran, Jauntaler Milch oder Schokolade aus Friesach. Die Menschen sind eben Jäger und Sammler geblieben, nur ihre Raststation hat sich verändert. Vor mehr als 20 000 Jahren befand sich diese noch in der Tropfsteinhöhle im unübersehbaren Griffner Schlossberg. Sie diente in der Altsteinzeit als sogenannte Jägerstation, in der Menschen Zuflucht vor der Kälte und wilden Tieren suchten. Das belegen die Funde von Feuerstellen und Steinwerkzeugen. Griffen gilt damit als eines der ältesten Siedlungsgebiete Kärntens. Lange vor den Menschen gingen in der Tropfsteinhöhle wilde Tiere ein und aus, zum Beispiel die längst ausgestorbenen Höhlenbären. Mit bis zu 3,5 Meter Kopf-Rumpf-Länge und einer Schulterhöhe von rund 1,70 Metern waren sie deutlich größer als die heutigen Braunbären. Auch Knochen von Höhlenhyänen, Wollnashörnern und Riesenhirschen (nicht zu verwechseln mit dem gleichnamigen Kosenamen für ausgewählte Arbeitskollegen), deren Geweih eine Spannweite von bis zu 3,60 Metern erreichte, wurden in dem Unterschlupf gefunden.



Nach der Steinzeit geriet die Höhle in Vergessenheit, während der 130 Meter hohe Kalkfelsen, in dem sie sich befindet, in den Mittelpunkt rückte. Im 12. Jahrhundert errichteten dort die Bischöfe von Bamberg, die damals zu den größten Grundbesitzern im heutigen Kärntner Gebiet zählten, die Burg Griffen. Die Anlage war so gut befestigt, dass sie weder von den Ungarn

Schlossberg Griffen

Tropfsteinhöhle

Mochoritsch

noch von den Türken im Laufe verschiedener Kriege und Beutezüge angegriffen wurde. Vom 18. bis ins 20. Jahrhundert war die zu diesem Zeitpunkt von den meisten Bewohnern längst verlassene Burg dem Verfall preisgegeben, bis sie mit Jahresbeginn 2000 in das Eigentum der Marktgemeinde Griffen überging. Gemeinsam mit vielen freiwilligen Helfern, Vereinen und Unternehmen putzte man das weithin sichtbare Wahrzeichen von Griffen wieder ordentlich heraus. Ein neuer Fußweg auf den Schlossberg wurde angelegt und die Ruinen unter strengen Auflagen des Bundesdenkmalamtes restauriert. Heute beherbergen sie die Schlossbergschänke und Räumlichkeiten, die für unterschiedlichste Veranstaltungen genutzt werden.

Im Berg selbst war der Dornröschenschlaf schon 50 Jahre früher zu Ende. In den letzten Monaten des Zweiten Weltkrieges hatte man die 485 Meter lange Höhle bei der Suche nach Luftschutzräumlichkeiten wiederentdeckt. 1956 wurde sie für Besucher geöffnet und gilt seitdem als bunteste Schauhöhle Österreichs. Die Farben der Sinterbildungen sind tatsächlich beeindruckend, die Palette reicht von Weiß- über Gelb-, Orange- und Rot- bis zu Schwarztönen.

Führungen durch die Höhle enden seit 2011 mit einem Multimediaspektakel. Für den Animationsfilm, der echte Aufnahmen und am Computer entstandene Bilder vereint, ließ man ein Mammut auferstehen und auf dem Griffner Schlossberg (damals natürlich noch ohne Burg) vorbeistampfen. Historisch ist das völlig korrekt: Auch Überreste – in Form von Knochen – ausgestorbener Urzeitelefanten hat man in der Jägerstation gefunden. Ohne Alufolie natürlich.

**Info**

Die **Griffner Höhle** kann nur im Rahmen von Führungen besichtigt werden, die rund 40 Minuten dauern. Da an einer Führung maximal 25 Personen teilnehmen dürfen, kann es bei Schlechtwetter zu Wartezeiten kommen. Telefonische Reservierungen sind möglich. Tropfsteinhöhle Griffen, 9112 Griffen 53, *www.tropfsteinhoehle.at*

Auf den **Schlossberg** führen drei Wege, einer beginnt beim Eingang zur Tropfsteinhöhle. Der familienfreundlichste Pfad – er ist auch mit Kinderwagen befahrbar – befindet sich allerdings auf der gegenüberliegenden Seite des Felsens. Im Winter erfolgt die Begehung auf eigene Gefahr.

Die **Mochoritsch Griffen-Rast** von Familie Jernej hat täglich von 7 bis 22 Uhr geöffnet. Gewerbestraße 11, 9112 Griffen, *www.mochoritsch.at*

# SCHIEBUNG

## Hängebrücke St. Lucia, Aich

48

Der Drauradweg zählt zu den beeindruckendsten Strecken Europas. In Aich im Jauntal führt er über eine spektakuläre Brücke.

Mountainbiken - das kennt und kann man (die entsprechende Kondition vorausgesetzt). Aber Riverbiken?! Radfahren entlang eines Flusses, vor allem wenn es flussabwärts geht, macht Spaß. Vor allem entlang der Drau, quer durch Kärnten, wo man aber auch viel sehen und erleben kann. Der Drauradweg (amtliche Bezeichnung: R1) ist insgesamt 366 Kilometer lang, beginnt im Südtiroler Toblach, führt durch Osttirol und ganz Kärnten bis nach Maribor (Slowenien). Er gehört zu den schönsten und familienfreundlichsten Europas. Die Kärntner Strecke wurden vom Allgemeinen Deutschen Fahrrad Club (ADFC) sogar mit 5 Sternen ausgezeichnet.

Die Topbewertung gilt auch den Pausen. Entlang der in sieben schaffbare Etappen eingeteilten Strecke befinden sich 50 „zertifizierte" Drauradweg-Wirte und Beherbergungsbetriebe. Dort warten Speis und Trank auf müde Sportler, es gibt versperrbare Radabstellplätze und - für den Fall der Fälle - kleine Reparatursets. Übernachtungen sind ebenfalls möglich.

Architektonisch hat Etappe Nummer 6 von Ferlach nach Lavamünd zwei besonders bemerkenswerte Beispiele der Brückenbaukunst zu bieten. Zum einen führt der Radweg hier an der Jauntalbrücke vorbei. Sie wurde 1961 erbaut und ist bis heute die höchste Eisenbahnbrücke Europas. 428,26 Meter lang, 96 Meter hoch: Atemberaubend von oben, beeindruckend von unten und perfekt, wenn man, an einem Gummiseil baumelnd, schnell von oben nach unten will. Die Brücke hat sich im Laufe der Jahre zu einem Mekka für Adrenalinjunkies entwickelt. Mehr als 40 000 Bungee-Sprünge wurden seit 1991 von der Jauntalbrücke absolviert.

Kurz danach erblicken Radfahrer bereits das nächste imposante Bauwerk: die Hängebrücke St. Lucia. Sie befindet sich in Aich im Jauntal am Kreuzungspunkt des Drauradweges mit dem Jauntalradweg. Das Bauwerk gilt als längste Stahlseilhängebrücke Österreichs. Die Fuß- und Radwegbrücke hat eine Spannweite von 140 Metern und führt in 58 Metern Höhe über den Feistritzbachgraben. Insgesamt wiegt das Konstrukt 45 Tonnen. Schwingungen sind beim Überqueren nicht ausgeschlossen. Deshalb darf das Rad

Hängebrücke St. Lucia

Werner-Berg-Museum

Die Drau im Rosental

nur geschoben werden! Im Norden der Brücke steht die Aluminiumskulptur „Landmark" des Kärntner Künstlers Karl Vouk. Sie stellt unter anderem einen Stier als Symbol der Gemeindegrenze Bleiburgs dar.

Wer hier eine kleine Radtourschleife einlegt, kann den beiden Kunst-Radweg-Touren 1 und 2 mit je 25 Kilometern (Dauer: 2 bis 3 Stunden) folgen. Sie führen durch das südliche Jauntal, vorbei am Werner-Berg-Museum, passieren Kirchen und Kulturdenkmäler, aber auch moderne Skulpturen und erreichen schließlich eine Heilwasserquelle. Das Bleiburger „Bründl" besitzt ein besonders weiches Wasser, das laut Volksheilkunde bei Augenleiden und allgemeiner Schwäche Linderung verschafft. Der offizielle Name „Steinberger Quelle" geht auf den Bleiburger Ehrenbürger Filipp Steinberger zurück. Er war 1857 erster Dozent für Zahnheilkunde an der k. u. k. Universität in Wien, ließ die Quelle einst fassen und gestaltete den umliegenden Park.

Der Kärntner Teil des Drauradwegs endet in Lavamünd. Nichts erinnert hier mehr an die Hochwasserkatastrophe, die den Ort 2012 heimgesucht hat. Hinter den farbenfrohen Fassaden hat man gelernt, mit den Launen des Flusses zu leben, der seit Jahrhunderten die Lebensader der Gegend ist.

**Info**

Alle Etappen des Drauradwegs R1 sind im Internet detailliert beschrieben: *www.drauradweg.com*

Mehr über die Abstecher auf den Kunst-Radweg hier: *www.kunst-radweg.at*

Werner-Berg-Museum: Die permanente Schau präsentiert Ölbilder, Holzschnitte und Skizzen des großen Künstlers. Jährlich Sonderausstellungen. 10.-Oktober-Platz 4, 9150 Bleiburg, *www.wernerberg.museum*

# PARADIESISCHE ZUSTÄNDE

49

## Ländliche Köstlichkeiten, Lavanttal

Runter von der Autobahn und einen Abstecher in ein schönes Fleckchen Erde machen, der kulinarischen, kulturellen oder sportlichen Freuden wegen – dieses Tal ist es wert.

Das Lavanttal galt lange Zeit als „Paradies Kärntens" – in einem Tourismuswerbeslogan, der sich über Jahre hielt. Das Bild der prallen, rot leuchtenden Äpfel inmitten saftig-grüner Landschaft umrahmt von zwei markanten Gebirgszügen, der Koralpe und der Saualpe, war die Vorlage für alle Schwärmereien, die Gäste überzeugen sollten, Freunde zu werden und als solche wiederzukommen. Und tatsächlich, besonders im Frühjahr, zur Apfelblüte, strahlt das malerische Nord-Süd-Tal ganz im Osten des Bundeslandes, an der Grenze zur Steiermark, etwas aus, das einen liebend gerne innehalten lässt. Dazu fährt man am besten von der Autobahn A2, die einen Großteil des 64 Kilometer langen Tals durchschneidet, ab ... und lernt rund um die Bezirkshauptstadt Wolfsberg eine vielseitige kleine Welt kennen.

Abgesehen vom namensgebenden Fluss Lavant und den gebirgigen Naturschönheiten – die Skifahren, Wandern, Biken und einiges mehr ermöglichen, was das Sportlerherz so begehrt – lockt das Lavanttal mit verschiedensten Genüssen. Stand früher der Most in seiner urigsten, aber auch einfachsten Form im Mittelpunkt, so hat sich der Anspruch doch gehörig gewandelt.

Die Streuobstwiesen sind zwar weniger geworden, aber es gibt sie noch, mitsamt den alten Apfelsorten. Eine besondere davon, mit ungewöhnlich anmutendem Namen, ist der Lavanttaler Bananenapfel. Diese Sorte stammt ursprünglich aus den USA, hieß dort „Mother" und gelangte um 1880 ins Lavanttal, wo sie umgetauft wurde. Die Banane im Namen hat mit dem eindeutig bananenähnlichen Geschmack zu tun. Aus diesem Apfel, der am häufigsten als Tafelapfel verwendet wird, lassen sich auch aromatische Edelbrände herstellen. Das Hauptaugenmerk der Apfelbauern im Lavanttal liegt seit mehr als zwei Jahrzehnten auf der Herstellung von hochwertigen Produkten. Allen voran der – sortenreine – Apfelwein. Diese Bezeichnung wurde bewusst gewählt, weil sich seine Qualität von jener des herkömmlichen Mosts stark unterscheidet. Zu verdanken ist die erfolgreiche Neuausrichtung den „Mostbarkeiten", einem Verein aus Produzenten und Wirten,

Apfelblüte

Silvia und Josef Trippolt

Zogglhof

der sein „physisches Zentrum" im St. Pauler Zogglhof hat. Seit 1995 finden dort laufend und regelmäßig einschlägige Veranstaltungen statt, eine der beliebtesten ist die „Mostbarkeitenmesse". Es handelt sich dabei um eine internationale Fach- und Publikumsveranstaltung, im Rahmen derer es eine Alpen-Adria-Verkostung von Most und Apfelsaft bis hin zu Apfelschnaps und Apfelessig gibt.

Überhaupt sind die bäuerlichen Produkte der gesamten Region, vom oberen bis zum unteren Lavanttal zwischen Reichenfels und Lavamünd, mit ein Grund für die paradiesähnlichen Zustände: Zahlreiche prämierte Betriebe bieten Erstklassiges, das weit über die Landesgrenzen hinaus bekannt und begehrt ist. Knackiger Spargel, neuerdings sogar Artischocken, Knoblauch, außerdem Edelkrebse, frische Forellen, Saiblinge & Co., auch in veredelter Form und jedenfalls aus naturnaher Zucht, feiner Käse, Bauerntopfen und andere Milchprodukte aus Hofkäsereien oder Lamm, Weidegänse und -enten aus Biobetrieben und nicht zuletzt Wein – das Feinschmeckerherz schlägt hier hoch.

Apropos: Es wird nicht die Höhenlage von 714 Metern Grund dafür sein, aber weit oben am gastronomischen Himmel arbeiten schon seit über zwanzig Jahren die Trippolts in Bad St. Leonhard – in ihrem familiären, mit zwei Gault-Millau-Hauben ausgezeichneten Restaurant „Zum Bären", das sich der feinen und nachhaltigen „Alpen-Adria-Naturküche" verschrieben hat und zu einem Gutteil Lebensmittel aus der nahen Umgebung verwendet.

Haus der Region

Fischspezialitäten

Und wer auf Bodenständiges setzt, wird im Tal ebenso fündig werden – legendär die Qualität der Zutaten für die Brettljause in Buschenschenken und Landgasthäusern: von Koch- und Rohschinken über Glundner Käse und Leberaufstrich hin zu Schweinsbraten, Salami, Trockenwürsteln und mehr. Dazu ein Glas Apfelsaft oder Most (bzw. Apfelwein, siehe oben) ... und spätestens dann hat jeder eine Idee davon, was das Paradies einst verheißen haben könnte. Mit dem Unterschied, dass man hierher wiederkommen darf – und soll.

Info

Mostbarkeiten – Mostland St. Paul, Hundsdorf 2, 9470 St. Paul im Lavanttal, *www.mostbarkeiten.at*
Restaurant Trippolt Zum Bären, Hauptplatz 7, 9462 Bad St. Leonhard, *www.zumbaeren.at*
Adressen zu **Lavanttaler Buschenschenken** gibt es hier:
*www.region-lavanttal.at* (Suchbegriff: Buschenschank)
**Regionale bäuerliche Produkte:**
Haus der Region, Getreidemarkt 3, 9400 Wolfsberg,
*www.hausderregion.at*

# OASE DER ENTSPANNUNG

50

## Museum Liaunig, Neuhaus

Wer hätte sich das gedacht? Ein Kunsttempel internationalen Zuschnitts, eingebettet in die idyllische Unterkärntner Landschaft, birgt Schätze sehenswerten Ausmaßes.

Die etwa 1000 Bewohner der zweisprachigen Gemeinde Neuhaus/Suha im östlichsten Osten des Unterkärntner Jauntals werden sich seinerzeit vor Verwunderung die Augen gerieben haben, als sie erahnen konnten, welche Sensation sich in ihrem beschaulichen Ort auftun würde. Ansonsten kannte man die Gegend vor allem in Sachen „Hadn": Der gesunde Buchweizen, ein Knöterichgewächs und Pseudogetreide, wird hier schwerpunktmäßig angebaut, und das schon seit dem 15. Jahrhundert. Urkundlich belegt. Heute gibt es wohl keinen Wirt in der Umgebung, der nicht ein Hadngericht auf seiner Speisekarte hat. Von Hadnsterz über Hadnnudeln bis zur Hadntorte kann man sich hier durchkosten.

Doch dann kam das Museum Liaunig – das 2008 eröffnete Privatmuseum sorgte in architektonischer, politischer und künstlerischer Hinsicht gleich zu Beginn für ordentlichen Wirbel, obwohl man heute darin herrlich entspannen kann. Es herrscht nämlich bedächtige, greifbare, aber auch anregende Stille, was nicht nur am betonbedingt teilweise unterbundenen Mobilempfang liegt. Vermutlich ist es auch die geballte Kraft an künstlerischem Potenzial und Ausdruck, die den Besuchern, im sonstigen Leben von allerlei digitalem Schrott umgeben, an diesem Ort Ehrfurcht abverlangt. Kinder dürfen übrigens erst ab zwölf Jahren dem Kunstgenuss frönen.

Von außen sieht man – grau und schlicht – eben Sichtbeton. Und etwas Glas und Stahl. Aber kaum hat man die Eingangshalle betreten, beginnen sich die Dimensionen, die sich architektonisch einzigartig und jetzt schon denkmalgeschützt hinter dicken Mauern und großteils unterirdisch verbergen, aufzutun. Allein das 600 Quadratmeter große Schaudepot mit seinen praktisch anmutenden Gitterausziehwänden böte schon Material für eine eigene umfangreiche Besichtigung. Der Hauptteil der gezeigten Ausstellung, die Sammlung zeitgenössischer, vorwiegend österreichischer Kunst, konzentriert sich auf den lang gezogenen Betonteil, der von außen betrachtet

Museum Liaunig

50

„röhrenartig" in die Landschaft ragt. Daraus ergeben sich von innen freie Ausblicke in die idyllische Umgebung.

So wandelt man staunend zwischen großformatigen Wunderwerken, abstrakten Farbexplosionen oder mattsilbernen Skulpturen der namhaftesten Künstler wie Peter Pongratz, Erwin Wurm, Maria Lassnig, Hans Staudacher oder Bruno Gironcoli, nur um eine Vorstellung zu geben, wer hier vertreten ist. Man kann das Haus übrigens im Alleingang besichtigen, aber besonders empfehlenswert ist natürlich eine Führung, die sowieso im Eintrittspreis enthalten ist. Allerdings gibt es diese nur um 11 und 14 Uhr an den Öffnungstagen.

Ein eigener Trakt konzentriert sich auf Grafiken, ein weiterer, dreieckiger Bauteil, erst 2015 eröffnet, bietet spektakulären, luftigen Platz für Sonderausstellungen. Im Dunkel des Untergrunds locken atemberaubende Sammlungen afrikanischer Kunst oder auch dekorierter Gläser sowie von Porträtminiaturen. Alles Dinge, die man vermutlich so noch nie gesehen hat, denn weltweit haben nur wenige große Museen, wie etwa das British National Museum, solcherlei Kostbarkeiten in einer derartigen Vielzahl versammelt. Ein Haus der Superlative also: Mit 3400 Beständen ist die Sammlung eine der größten Österreichs und im Besitz des Industriellen und Kunstsammlers Herbert Liaunig, eines gebürtigen Kärntners, der gleich in Sichtweite in Schloss Neuhaus sein Domizil hat und wohl morgens regelmäßig einen Blick auf seinen großen Traum wirft. Aber auch dieser hat einmal klein begonnen, schon als Student soll der Mäzen Kunst geliebt und sein erstes Werk mittels Ratenzahlung abgestottert haben. Was wieder einmal beweist: Es kann sich doch auszahlen, Visionen zu haben.

**Info**

190 Museum Liaunig, 9155 Neuhaus 41, Tel. 04356/21115, *www.museumliaunig.at.* Geöffnet von Mai bis Oktober, Mittwoch bis Sonntag von 10 bis 18 Uhr, Führungen um 11 und 14 Uhr.

## Quellennachweis

Findenegg, Ingo: Das Problem der Wulfenia carinthiaca. Carinthia II, 145./65: 102-112., 1955

Glanz, Josef: Gesundheitselixier Wasserfall, Wien, ORF Modern Times Gesundheit, 2004

Glaser, Franz: Die römische Siedlung Iuenna und die frühchristlichen Kirchen am Hemmaberg, Geschichtsverein für Kärnten, Klagenfurt, 1982

Glaser, Franz: Kelten, Römer, Karantanen. Carinthia, Klagenfurt, 1998

Gleirscher, Paul/Hirtenfelder, Erwin: Mythos Magdalensberg - Pompeji der Alpen und heiliger Gipfel. Styria, Wien-Graz-Klagenfurt, 2014

Gollob, Bettina und andere: Natur & Mensch in der Schütt - Die Bergsturzlandschaft im Naturpark zwischen Dobratsch und Schütt, Naturwissenschaftlicher Verein für Kärnten, Klagenfurt, 2013

Graber, Georg: Volksleben in Kärnten, Leykam, Graz-Wien, 1942

Jäger Waltraud, Janesch Norbert: Der Benediktinermarkt in Klagenfurt, Styria, Wien-Graz-Klagenfurt, 2011

Lux, Claudia: Die schönsten Kärntner Seen - 33 Ausflüge für Genießer, Styria, Wien-Graz-Klagenfurt, 2016

Lux, Georg/Weichselbraun, Helmuth: Gold in Österreich - Eine Schatzsuche, Styria, Wien-Graz-Klagenfurt, 2015

Lux, Georg/Weichselbraun, Helmuth: Kärntens geheimnisvolle Unterwelt - Stollen, Höhlen, Verborgene Gänge, Styria, Wien-Graz-Klagenfurt, 2013

Mahlknecht, Eduard: Dom zu Gurk, Peda, Passau, 2012

Pohl, Heinz-Dieter: Kleines Kärntner Namenbuch, Heyn, Klagenfurt, 2013

Pohl, Heinz-Dieter: Deutsch-slowenisches Verzeichnis der Kärntner Orts-, Gewässer- und Bergnamen (und einiger weiterer wichtiger Objekte) im Auftrag des Volksgruppenbüros Kärnten, 2011/12

Tschemernjak, Willi: Kärntner Küche - Die klassischen Rezepte, Pichler, Wien-Graz-Klagenfurt, 2014

## Bildnachweis

Fotos von **fotoquadr.at/Helmuth Weichselbraun.** Außer: **Claudia Lux:** S. 26 li. o., u., 37, 52 re. M., re. u., 85 li. o., re. o., 87, 93, 95, 97, 148 (3 x), 163 o., re. u., 165, 175 o., 177, 179 o., re. u. ; **Nicole Richter:** S. 9 li. u., re. u., 11, 29 re. o., 30, 31, 52 li. o., 108 re. u., 124 li. o., re. o., 132, 141 (3 x), 182 re. u. ; **Pixelpoint/Wolfgang Handler:** S. 40 re. u., 44 li. u., re. M., re. u., 159 li. u., 161; **Stabentheinerhof:** S. 9 li. o., Mi., re. o.; **Großglockner Hochalpenstraße:** S. 13 o., li. u.; **Hans Peter Schönlaub:** S. 20 re. Mi.; **Camilla Kleinsasser:** S. 26 re. o. ; **Weissenseer:** S. 29 li. o., Mi.; **Künstlerstadt Gmünd:** S. 40 li. o., li. u., re. o., re. M., 42; **Alexander Schlick:** S. 44 li. o., re. o., 71, 72 ; **Verein Villacher Kirchtag:** S. 46; **Terra Mystica:** S. 48 li. u.; **Grenzlandchor Arnoldstein:** S. 56 o., li. u. ; **Matakustix:** S. 58; **Kräuterspatz/Christine Spazier:** S. 74; **Bergchalet Kuhgraben/Leitner:** S. 76; **Christian Kusternig:** S. 78, 112 (4 x), 114; **Christian Riedel:** S. 81, 83; **Johannes Puch:** S. 89; **Marktgemeinde Oberdrauburg:** S. 91; **Elisabeth Peutz:** S. 106, 153; **Keramik Polzer:** S. 116 li. u.; **Georgium/Ferdinand Neumüller:** S. 124 li. u., re. Mi., re. u.; **Stadtrichter:** S. 135 li. u., re. u.; **Wolfgang Jannach Photography:** S. 138; **Heimo Strempfl:** S. 141 li. Mi., li. u.; **Schaubergwerk Hüttenberg:** S. 163 li. u.; **Stadtgemeinde Bleiburg/Fessl:** S. 182 o., re. u.; **Mostbarkeiten:** S. 185 o., li. u., 186; **Trippolt Zum Bären:** S. 185 re. u.; **Haus der Region:** S. 187 li.; **Fischzucht Marzi:** S. 187 re.; **Museum Liaunig:** S. 189 o., li. u.

## Dank

Nicht nur wir haben die „50 Dinge, die ein Kärntner getan haben muss" getan, sondern auch viele unserer Freunde und Bekannten, die uns mit Rat und Tat bei der Recherche zur Seite gestanden sind. Besonders bedanken wir uns für die Unterstützung durch unsere Autorenkollegen Georg Lux und Alexander Schlick. Außerdem bei Fotograf Helmuth Weichselbraun für die Vielzahl seiner Bilder, die unser Buch schmücken.

## Die Autorinnen

**Claudia Lux**, geb. 1978 in Villach. Seit 1998 arbeitet sie als Journalistin für die Redaktion der *Kleinen Zeitung*. Bei Styria ist von ihr erschienen: *Die schönsten Kärntner Seen – 33 Ausflüge für Genießer.*

**Nicole Richter**, Mag., geb. 1968 in Güssing, aufgewachsen in Kärnten. Übersetzerin (Karl-Franzens-Universität Graz), Autorin und Lektorin, mit großer Passion für Kulinarik, Kultur und den (nahen) Süden.

ISBN 978-3-7012-0220-1

styria books

Wien – Graz – Klagenfurt




*Kartografie*: Walter Liebhart
*Buch- und Covergestaltung:* Maria Schuster
*Coverfoto:* Helmuth Weichselbraun

*Druck und Bindung:*
Neografia
7 6 5 4 3 2 1
Printed in the EU